Arnaud Beltrame, gendarme de France

Du même auteur

Scouts et guides en Bretagne, Yoran Embanner, 2007

Agnès de Nanteuil (1922-1944), une vie offerte, Artège, 2010
Mention spéciale du Grand Prix catholique de littérature 2011
Mention exceptionnelle au Prix littéraire de la Résistance 2011
Prix spécial de l'association des auditeurs des Pays de la Loire de l'Institut des hautes études de la Défense nationale 2012

Jean Deuve, le seigneur de l'ombre, Artège, 2012
Prix armée et défense 2013

Petite vie de saint Salomon Le Clercq, Artège, 2016

Christophe Carichon

Arnaud Beltrame, gendarme de France

éditions du
ROCHER

Éditions du Rocher
28, rue Comte Félix Gastaldi - BP 521 - 98015 Monaco

www.editionsdurocher.fr

ISBN : 978-2-268-10087-6
EAN Epub : 9782268101125

Aux officiers de la 124e promotion
Colonel Arnaud Beltrame *de l'École des officiers*
de la gendarmerie nationale qui formeront
la « génération de la victoire[1] ».

1. Selon l'expression utilisée dans son discours lors de la cérémonie de baptême de la promotion par le ministre de l'Intérieur Gérard Collomb le 28 juin 2018 à Melun (Seine-et-Marne).

« Qui ose gagne ! »

Devise du 1er régiment de parachutistes d'infanterie de marine, faite sienne par le lieutenant-colonel Arnaud Beltrame.

Introduction

En cette fin d'après-midi du jeudi 28 juin 2018, il fait un temps splendide sur toute la France. Demain, ce sont les premiers départs en vacances et déjà, beaucoup de Français préparent la pause estivale. Les lycéens de première et de terminale terminent les épreuves du baccalauréat et attendent les résultats pour les jours qui viennent. La Coupe du monde de football et le Tour de France vont commencer et passionner les foules ; le pays rentre dans une douce torpeur pour deux mois. Les Français veulent oublier leurs soucis des mois passés : les attentats, le chômage, la pauvreté, la délinquance.

À Melun (Seine-et-Marne), à l'École des officiers de la gendarmerie nationale (EOGN), l'heure n'est pas encore aux vacances. Ici, comme chaque année à la même date, une cérémonie grandiose se prépare : le départ d'une promotion et le baptême d'une autre, rituel immuable des écoles militaires. Ce soir, c'est au tour de la 124ᵉ promotion d'être baptisée. Il y a quelques mois encore, cette promotion devait prendre le nom de *Ceux de Stonne* en souvenirs des combats héroïques menés par le 45ᵉ bataillon de chars de combat de la gendarmerie en mai 1940 face aux divisions allemandes. Mais les circonstances en ont décidé autrement. Très vite après la mort héroïque du lieutenant-colonel Arnaud Beltrame à Trèbes, des voix s'élèvent dans la gendarmerie et au-delà pour honorer au plus vite l'officier. Normalement, un délai de cinq ans après la mort est nécessaire avant de pouvoir donner le nom d'un parrain à une promotion. Mais dans le cas présent, le caractère exceptionnel de l'événement balaye toutes les règles. La gendarmerie veut honorer son héros. « L'idée s'est imposée à tous », affirment les élèves-officiers du bureau tradition de la promotion[1]. Dans l'après-midi, l'esplanade devant le musée qui jouxte l'école a été baptisée du nom du héros par le ministre Gérard Collomb en présence des autorités et de la population de Melun.

Il est maintenant 17 h 45 sur la place d'armes de l'EOGN. Après la musique de la Garde républicaine, les deux promotions se mettent en place face aux tribunes officielles. Puis, les honneurs sont rendus au drapeau de l'école auprès duquel est venue se placer la garde au drapeau de l'école militaire interarmes. Côte à côte,

1. *Entretien avec les aspirants Amaury Buisson, Christian Durdilly (sénéchal de la promotion) et Pierre-Olivier Lamote,* Melun, 29 juin 2018. Il y eut cependant un précédent quand, en 1985, les élèves-officiers de l'EOGN bataillèrent ferme pour obtenir de choisir comme parrain le nom du général de division de gendarmerie Guy Delfosse, assassiné à Lyon le 27 mars 1984 par des militants d'extrême gauche de la branche lyonnaise d'Action directe. Ancien officier parachutiste en Indochine et en Corée, commandant de compagnie au 1er RCP, Guy Delfosse passe ensuite dans la gendarmerie et sert en Algérie. Général de division commandant la 5e région de gendarmerie de Lyon, c'est alors qu'il se trouve dans l'agence BNP de la rue Victor-Hugo à Lyon qu'il est abattu comme il tentait de négocier avec les braqueurs. Il y a plus d'une similitude entre Guy Delfosse et Arnaud Beltrame, héros français morts pour protéger leurs concitoyens face aux extrémismes de gauche ou islamistes. *Entretien avec le général de corps d'armée (2S) Philippe Mazy,* La Rochelle, 6 juillet 2018. Le général Mazy est de cette promotion *Général Delfosse.*

les deux emblèmes portés un temps par Arnaud Beltrame sont symboliquement réunis avant de rejoindre leur emplacement. Les troupes sont alors passées en revue par le ministre de l'Intérieur Gérard Collomb, le général d'armée Richard Lizurey, directeur général de la gendarmerie et le général de division Isabelle Guion de Méritens commandant de l'EOGN au son de la vieille marche écossaise *The water is wide*[2]. Cinq gendarmes sont ensuite décorés par le ministre et le général Lizurey rendant hommage au courage, au sang-froid et au sens du devoir de ces hommes confrontés quotidiennement à de nombreux dangers pour la sécurité de leurs concitoyens.

Puis, au rythme du tambour, la 124e promotion de l'EOGN s'avance face à la tribune officielle. Dans celle-ci ont pris place les personnalités et les invités dont Nicolle Beltrame, la mère du gendarme assassiné, et son épouse Marielle Beltrame. Cent-trente-huit élèves-officiers (cent deux hommes et trente-six femmes) superbes dans leur tenue de tradition bleu sombre, agrémentée de l'aiguillette et des trèfles dorés, coiffés du taconnet orné du galon d'élite, de la cocarde et du plumet bleu, se figent. Le directeur de l'enseignement, le colonel Benoît Gautier, quitte alors les rangs et pose la question rituelle au commandant de l'école :

- *Général, quel nom donnez-vous à la 124e promotion de l'École des officiers de la gendarmerie nationale ?*

2. Cet air traditionnel écossais date du XVIIe siècle et est fréquemment joué lors des revues militaires au même titre que *La marche des soldats de Robert Bruce*, également d'origine écossaise.

- *La 124e promotion portera le nom de colonel Arnaud Beltrame.*

Après l'évocation de la vie de leur parrain, les élèves-officiers entonnent le très beau chant qu'ils ont composé en son honneur et dont le refrain déclame :

Colonel Beltrame, soyez la flamme
éternellement brûlante de nos âmes.
Guidez nos Pas, Vaillant officier,
Faites de nous ce soir, vos humbles héritiers[3].

À la fin de la cérémonie, les élèves arboreront sur leur tunique l'insigne de la promotion reprenant des objets symboliques de la carrière d'Arnaud Beltrame : le sabre d'officier, le brevet de chuteur opérationnel, la grenade de la gendarmerie, la croix de commandeur de la légion d'honneur et une représentation de l'archange saint Michel, « ange des paras », pour qui l'officier catholique nourrissait une dévotion profonde. Mais pour le moment, la cérémonie se poursuit tout en dignité avec la passation du drapeau de l'École par la promotion sortante à la promotion nouvellement baptisée. Puis Gérard Collomb, ministre de l'Intérieur, s'adresse aux officiels, à la famille et à « ses » troupes. Avec émotion, le ministre rappelle « le geste de ce militaire hors norme » qui a ému bien au-delà des frontières. Citant Saint-Exupéry, « le don de soi, le risque, la fidélité jusqu'à la mort, voilà ce qui fait la noblesse de l'homme », il exhorte les futurs officiers :

3. La version intégrale du chant de promotion est en fin d'ouvrage.

Élèves de la 124e promotion des officiers de gendarmerie, je veux vous dire aujourd'hui que le choix du colonel Arnaud Beltrame comme éponyme vous oblige. Il vous oblige à porter haut les valeurs de générosité, de persévérance et d'abnégation qu'il a faites siennes jusqu'à son dernier souffle. Il vous oblige à cultiver sans cesse l'exigence, l'excellence, le dépassement de soi, qui ont animé le colonel Arnaud Beltrame tout au long de son parcours. Ce que la France attend de vous, ce n'est pas de vous hisser comme il l'a fait, au rang de héros. Mais d'être à la hauteur de l'engagement dont il a fait preuve pour notre République.

Rappelant à tous que ces jeunes hommes et femmes ont préparé le concours « au moment même ou notre pays était touché par une vague d'attentats sans précédent dans son Histoire », il insiste sur le « rôle décisif » de la gendarmerie sur le terrain dans « la guerre contre le terrorisme » leur première mission au service de leurs compatriotes, convaincu qu'ils peuvent devenir la « génération de la victoire[4] ! » Le ministre n'en omet pas pour autant les autres missions de la gendarmerie (sécurité du quotidien, maintien de l'ordre public dont la lutte contre les groupes d'extrême gauche sur les ZAD, lutte contre l'immigration irrégulière, combat pour la sécurité routière) qui sont celles qui occuperont le plus clair du temps de ces nouveaux officiers.

4. *Discours de M. Gérard Collomb, ministre d'État, ministre de l'Intérieur,* Cérémonie de sortie de la promotion de l'École des officiers de la gendarmerie nationale (EOGN), baptisée *Arnaud Beltrame*, jeudi 28 juin 2018, Melun (77).

Les mots forts du ministre résonnent sur la place de l'EOGN dans les cœurs et les têtes des élèves-officiers sous les armes. Beaucoup d'entre eux ont déjà un long passé de gendarme et leurs poitrines sont décorées des médailles de la Défense nationale, de la protection militaire du territoire ou de la sécurité intérieure. Ils ont servi en escadrons de gendarmerie mobile ou en brigades de gendarmerie départementale. Parmi eux, le sous-lieutenant Julien L. qui a été sous les ordres du chef d'escadron Beltrame à la compagnie d'Avranches et pour qui cette cérémonie revêt une importance toute particulière : « Quelle fierté pour moi, élève-officier, de porter le nom de mon ancien chef comme parrain ! C'est exceptionnel à l'EOGN[5]. » Pour toute la promotion en tout cas, être sous le parrainage d'un gendarme tel qu'Arnaud Beltrame, leur contemporain, donne à ces futurs officiers français une identité forte et très particulière.

Une expression à la fin du discours du ministre prend alors une résonance particulière, celle de la transmission du « flambeau » par les anciens à leurs cadets : en effet, ce terme de flambeau fut souvent utilisé par Arnaud Beltrame, persuadé qu'il devait le recevoir, entretenir sa flamme et le passer aux héritiers. Le philosophe François-Xavier Bellamy est le premier à saisir et à exprimer cette problématique de la transmission quand il écrit dans une tribune du *Figaro* deux jours après la mort de l'officier : « La maison est plus que les matériaux qui la composent, écrit Saint-Exupéry dans la *Lettre au Général X*. Un peuple est plus qu'une

5. *Entretien téléphonique avec le sous-lieutenant Julien L.*, 7 août 2018.

juxtaposition d'individus qui « vivent ensemble ». Cela, nous l'avons appris, comme d'autres, par ce que notre civilisation a cultivé de singulier ; pour faire un Arnaud Beltrame, il a fallu des siècles de civilité, de littérature, de philosophie, de science et de foi[6]... »

« Héros français », « patriote à l'ancienne », « dernier chevalier », la presse de droite comme de gauche a rivalisé de qualificatifs pour désigner le gendarme au lendemain de sa mort. Bien au-delà des frontières, le nom du colonel Beltrame a résonné de la Maison-Blanche au Vatican et dans le monde entier. On a parlé de sacrifice, de don de soi ; on l'a associé à Jeanne d'Arc et à ses compagnons, aux combattants de Verdun, à Jean Moulin, à Pierre Brossolette, au commandant Kieffer, aux maquisards, aux soldats de la France libre et aux Justes parmi les nations, mais aussi au père polonais Maximilien Kolbe. Quelle confrérie de héros ! Arnaud Beltrame est sans doute héritier de tout cela, mais également de bien d'autres choses encore. C'est ce que ce livre veut essayer de montrer. Ce qu'est un officier français, ce qu'est un gendarme, et en quoi l'héroïsme est possible aujourd'hui, au quotidien dans le devoir d'État comme dans des circonstances exceptionnelles. Après l'exposé des origines familiales et les premiers pas d'Arnaud Beltrame dans l'armée, on le suit dans les écoles (EMIA, EOGN), puis au sein de ses premières affectations dans la gendarmerie (gendarmerie mobile, EPIGN, Garde républicaine) ; le commandement de sa compagnie de gendarmerie départementale en Basse-Normandie, le

---

6. François-Xavier Bellamy, « Honneur au sacrifice d'un officier français », *Le Figaro*, 26 mars 2018.

plus heureux de sa carrière, le mène ensuite à une riche deuxième partie de carrière au ministère de l'Écologie, à l'École européenne d'intelligence économique et au retour sur le terrain dans l'Aude. Parallèlement, il a paru essentiel de s'intéresser également à l'homme, à ses quêtes d'idéal et ses recherches spirituelles ainsi qu'à sa rencontre avec son épouse indissociable de sa profonde foi catholique.

L'héritage

> « Seigneur, rattache-moi à l'arbre dont je suis. »
> Commandant (air) Antoine de SAINT-EXUPÉRY,
> groupe de reconnaissance 2/33 *Savoie*,
> mort pour la France le 31 juillet 1944.

Il n'est pas de génération spontanée, il n'y a pas à faire table rase du passé. Tout homme est dépositaire de l'héritage de ses pères, de ses ancêtres, d'un nom, d'une terre dont il n'est que le passeur pour les générations à venir. De cette longue chaîne des Français qui en deux mille ans firent la France, Arnaud Beltrame est l'un de ces glorieux maillons. Héritier d'une famille, d'une lignée, d'une histoire où se mêlent Ligures, Corses et Bretons, il est le résultat d'une alchimie française.

Ligurie et Corse, des origines méditerranéennes

Du côté paternel, c'est le Sud, la Méditerranée. Le nom de Beltrame est d'origine italienne et assez répandu dans la péninsule où plusieurs personnalités portent ce nom sans qu'il soit possible de déterminer un lien de parenté formel entre eux comme don Giovanni Beltrame (1824-1906), missionnaire et explorateur du Nil Blanc, Achille Beltrame (1871-1945), peintre et illustrateur milanais ou encore Luigi (1880-1951) et Maria Beltrame (1884-1965), premier couple de laïcs béatifié par Jean-Paul II en 2001. Un personnage milanais de la *Commedia dell'Arte* porte aussi le nom de Beltrame au XVIIe siècle.

Au moment des deux révolutions industrielles, au XIXe siècle, la population européenne augmente considérablement passant de 187 millions en 1800 à 401 millions en 1914. Poussés par la misère, les bas salaires, les crises politiques ou l'esprit d'aventure, nombreux sont les Européens à quitter leurs pays vers d'autres cieux qu'ils pensent plus cléments comme ces Italiens, les « Ritals » immortalisés par Cavanna. Les familles du Piémont, de Lombardie, de Vénétie et de Campanie partent vers l'Océanie ou l'Amérique. D'autres, originaires d'Émilie-Romagne, des Pouilles, des Marches, des Abruzzes ou de Ligurie s'installent en France. C'est le cas des ancêtres de la famille Beltrame originaires des villages de Carcare et d'Altare à trente kilomètres de Savone et à cent cinquante kilomètres de Menton qui, dans les années 1870, passent la frontière. Une frontière devenue bien plus proche depuis le traité de Turin (1860) rattachant le comté de Nice à la France. C'est à La Farlède, petit village provençal, de l'arrière-pays toulonnais, au pied du mont Coudon, que les ancêtres directs d'Arnaud font souche[1]. Un village à la Pagnol

1. Les renseignements généalogiques sur la famille Beltrame proviennent des *Entretiens avec Ada Beltrame*, tante et marraine d'Arnaud en mai et juin 2018. De nombreux Beltrame habitent encore aujourd'hui la côte ligure de San Remo à La Spezia et l'arrière-pays. Arnaud est passionné par l'histoire de sa famille et échange beaucoup avec sa tante Ada à ce sujet.

entre vignes et oliviers qui ne dépayse pas beaucoup les nouveaux arrivants. Comme leurs compatriotes, ils se louent dans les fermes des alentours comme journaliers. C'est le cas d'Édouard Beltrame, l'arrière-grand-père tandis qu'un de ses frères devient sourcier et qu'un autre poursuit l'aventure familiale en Tunisie.

Édouard-Armand-Victor Beltrame (1904-1982) est né à La Farlède le 5 juin 1904. Son père a pour nom François, mais devait certainement s'appeler Francesco de l'autre côté des Alpes. Il est cultivateur. Sa mère est Philomène Bazzano. (Philomène, la petite sainte du Curé d'Ars, martyre chrétienne à Rome des premiers temps de l'Église, est un prénom très populaire à cette époque.) Tous les deux ont 37 ans, déjà un certain âge pour avoir un bébé, petit dernier sans doute. Si le père dit ne pas savoir signer l'acte de naissance de l'enfant, les deux témoins sont des notables du village : Léonce Fautrier, instituteur et Louis Gasquet propriétaire. La déclaration est reçue par le maire en personne. Ces éléments bruts recopiés dans les registres d'état-civil, prénom français, témoignage de notables et en particulier de l'instituteur de village, sont des preuves d'une intégration réussie en moins d'une génération. Devenu grand, Édouard Beltrame travaille tout d'abord comme journalier comme son père aux environs de Toulon. À 20 ans il se marie avec une cousine éloignée, Ada Montefameglio, fille d'un souffleur de verre d'Altare en Ligurie[2]. La belle est tout juste âgée de 16 ans, mais

2. La ville d'Altare est l'un des centres de production de l'industrie du verre depuis le Moyen Âge. Voir Corine Maitte, *Les chemins de verre. Les migrations des verriers d'Altare et de Venise, XVIe-XIXe siècles*, Presses universitaires de Rennes, Rennes, 2009.

enceinte de huit mois à la date du mariage. C'est tout à l'honneur du jeune homme de réparer un moment d'égarement avec sa jolie compatriote et de régulariser une situation somme toute embarrassante. Le fruit de leur amour est un garçon : Georges-René-Joseph Beltrame né le 22 novembre 1924 et baptisé quelques jours plus tard en l'église paroissiale de La Farlède. Il sera fils unique. Bien vite, Édouard se lasse de son travail de journalier ; il veut gagner son indépendance et assurer une vie plus digne à sa jeune épouse et au bébé. Alors, six mois après son mariage et un mois avant son vingt-et-unième anniversaire, il s'engage dans l'armée française, instrument d'intégration par excellence à l'époque avec l'école. Au sein des troupes coloniales, Édouard Beltrame voit du pays : jeune artilleur colonial, il connaît le baptême du feu au Levant en 1926 lors des combats dans le djebel Druze. Puis il sert dans les bataillons de tirailleurs indochinois et les régiments de tirailleurs sénégalais et devient sous-officier. En 1939, il est affecté aux forces de police du Cameroun avant de repartir au Levant comme adjudant au 8e régiment de tirailleurs sénégalais. En 1941, au bout de quinze ans de service et huit campagnes, il est décoré de la médaille militaire par le gouvernement de l'État français du maréchal Pétain. Cela ne l'empêche pas de rejoindre la France libre dès le 5 septembre de cette année lors de la campagne de Syrie qui voit s'opposer les forces légalistes du général Dentz contre les Anglo-gaullistes. Promu sous-lieutenant, il sert ensuite en Égypte, en Érythrée contre les Italiens et sur la Côte française des Somalis où il commande un peloton de méharistes.

À la Libération, Édouard Beltrame arbore sur la poitrine les décorations qui prouvent son engagement pour la France : médaillé militaire, décoré de la médaille des services volontaires dans la France libre, de la médaille des opérations de Syrie et de Cilicie ; il porte aussi le mérite syrien et l'ordre de l'Étoile noire. Enfin, le 14 juillet 1949, à Toulon, lui, le petit-fils d'immigré italien devenu lieutenant d'infanterie des troupes coloniales, est fait chevalier de la légion d'honneur pour les services exceptionnels rendus à la patrie[3].

Le fils d'Édouard Beltrame, Georges, est un petit garçon unique choyé par sa mère qui grandit au fil des mutations de son père dans l'Empire colonial français, « la plus grande France » comme l'on disait encore. Diplômé en anglais, Georges a 20 ans lorsqu'il épouse, en septembre 1944, à l'église Saint-Louis de Beyrouth, l'une de ses jeunes élèves, Marie-Constance Leca, originaire de Vico en Corse du sud. Le beau-père de Georges, Pierre Leca, ancien berger sur l'Île rousse, est un camarade de son père. Lieutenant d'infanterie des troupes coloniales, sorti du rang comme Édouard Beltrame, c'est un baroudeur qui sert avant la guerre en Indochine (Cambodge, Cochinchine) et en Afrique (Congo, Sénégal, Tchad). En 1924-1925, il participe à la guerre du Rif au Maroc où il est cité et décoré de la Croix de guerre. Jeune caporal, il avait pris le commandement

---

3. Service historique de la Défense, *Dossier individuel d'Édouard Beltrame*, GR 2000 Z 200 2896. Édouard Beltrame termine sa carrière comme capitaine d'infanterie coloniale et meurt en 1982 à soixante-dix-huit ans. Arnaud a peu connu cet arrière-grand-père, mais il admirait en lui le combattant, l'officier sorti du rang à la force du poignet.

de la section, son chef ayant été tué. En 1941, il rejoint aussi la France libre. Affecté au bataillon de marche du Tchad, il combat au Soudan, en Érythrée (où il gagne une deuxième citation), en Palestine et en Syrie. Comme Édouard Beltrame, il est médaillé militaire et fait chevalier de la légion d'honneur après la guerre[4]. Sans doute cette belle affiliation patriotique n'est pas étrangère au fait que Georges décide de s'engager dans l'armée lui aussi à la fin des années 1940.

À l'autre bout du monde, la guerre fait rage en Indochine depuis 1945. Là-bas, les troupes de l'Union française luttent seules contre le Vietminh communiste soutenu par l'URSS, la Chine et une grande partie de la communauté internationale. Sur les affiches de propagande de l'époque, le slogan proclame: « Tu es un homme. Va en Indochine défendre la liberté, tu deviendras un chef! » Sensible au message, le jeune homme choisit les parachutistes et se porte volontaire pour le baroud dans les rizières. Après ses classes et avoir passé son brevet parachutiste, Georges Beltrame embarque à Marseille laissant femme et enfants en métropole (Ada née en 1945, Jean-François né en 1946 et Flore née en 1951). Sur le port, des dockers, militants communistes de la CGT, insultent ces jeunes Français qui partent lutter contre le communisme en Asie. Le *Pasteur*, navire légendaire de transport des troupes d'Extrême-Orient, emmène sa cargaison d'aventuriers, de timides et de patriotes, jeunes de France tout juste engagés

4. Service historique de la Défense, *Dossier individuel de Pierre Leca*, GR 2000 Z 201 20 86. Ce deuxième arrière-grand-père d'Arnaud termine également sa carrière comme capitaine d'infanterie coloniale.

pour la défense du monde libre ou déjà passée par les derniers combats de la Libération. Après les îles méditerranéennes, c'est le canal de Suez puis l'Afrique. Lors de l'escale à Djibouti, Georges Beltrame a la joie de rencontrer ses parents sur le quai du port. En effet, son père occupe alors un poste de direction dans une entreprise de travaux publics dans le port franc de Djibouti. Puis, après avoir passé Ceylan et Singapour, le *Pasteur* arrive en vue de la « perle de l'Empire » et s'en va mouiller au large de Saigon. Là, les hommes sont débarqués et envoyés dans leurs affectations respectives. L'unité de Georges Beltrame est dirigée vers le Tonkin où se déroulent la plupart des combats. À Hanoï, au Nord-Viêtnam, la compagnie est à côté d'une piscine où les paras auront l'occasion d'aller se baigner « une seule fois. » Là, Beltrame est affecté à l'encadrement d'une section quasi uniquement composée d'Annamites. Comme cadre, il a le droit à un pistolet automatique 35S et à la fameuse carabine USM1 emblématique de la guerre d'Indochine. Puis ce sont les patrouilles dans la jungle et les premiers combats sanglants contre le Vietminh. Promu rapidement adjudant, il est affecté à la 2e compagnie indochinoise parachutiste (CIP) du 2e bataillon du 1er régiment de chasseurs parachutistes (2/1 RCP) et sert sous les ordres du légendaire chef de bataillon Jean Bréchignac[5]. En avril 1953, Georges Beltrame

5. Jean Bréchignac (1914-1984), saint-cyrien, participe à la deuxième guerre mondiale, puis commande le 2/1er RCP en Indochine et est fait prisonnier à Diên Biên Phu. En Algérie, il commande le 9e RCP puis est nommé chef d'état-major de la 25e division parachutiste. En 1961, il prend une part active au Putsch d'Alger. Il était commandeur de la légion d'honneur et titulaire de treize citations.

est chef de section et gagne sa première citation à l'ordre de l'armée au combat de Song Con. En juillet, il participe à l'opération *Camargue* en centre-Viêtnam et en octobre il est au nord-Viêtnam où il est très grièvement blessé lors du combat pour la prise du col de Yen Laï[6]. L'adjudant Beltrame a tout juste 28 ans. Il accroche une deuxième palme à sa croix de guerre et reçoit la médaille militaire, mais pour lui, les paras c'est terminé. Sa blessure l'empêche de sauter sur Diên Biên Phu où son bataillon est décimé. Après un long temps de convalescence, Georges Beltrame, grand invalide de guerre, est rapatrié. Il se reconvertit alors dans le service de santé des armées. Après une période de formation à l'école d'application et centre d'instruction et de recherche du service de santé des troupes d'outre-mer au Faro à Marseille, il sert comme gestionnaire aux hôpitaux militaires de Saint-Pierre et Miquelon, Tananarive (Madagascar), puis Fréjus, et termine sa carrière comme lieutenant. En 1974, c'est son père Édouard qui aura la joie de lui remettre la Croix de chevalier de la légion d'honneur.

Georges Beltrame est un père intransigeant qui élève ses trois enfants à la dure. Ada Beltrame se souvient : « Notre père nous obligeait à nous servir du savon de Marseille quand nous nous lavions les dents (une horreur) et nous savonnait de la tête aux pieds et malgré le mal que nous éprouvions (les yeux qui piquent), nous ne devions surtout pas pleurer[7]. » À l'adolescence, les

6. D'après les éléments communiqués par le Centre des archives du personnel militaire (Pau).
7. *Lettre d'Ada Beltrame*, 9 juin 2018.

choses se gâtent entre le père et son fils qui ne supporte plus l'autoritarisme de l'ancien d'Indochine.

En revanche, le grand- père Georges Beltrame exerce une fascination sur son petit-fils Arnaud qui dès qu'il le peut écoute avec passion les histoires d'Orient, d'Afrique et surtout d'Indochine racontées par le patriarche. « Mon grand-père Georges était très cultivé, il s'intéressait à tout, il était ouvert à toutes les connaissances, il respectait les idées des uns et l'ignorance des autres », se souvient Marie-Pierre Radet, la cousine d'Arnaud, qui continue : « Arnaud se délectait des souvenirs de son grand-père. Il était fier de ce qu'avaient fait ses ancêtres pour la France et du nom qu'il portait. Pour lui la famille Beltrame, c'était l'honneur et la droiture[8]. » En effet, en observant son arrière-grand-père et ses deux grands-pères, tous les trois chevaliers de la légion d'honneur, médaillés militaires, titulaires de multiples croix de guerre et ayant combattu sur tous les continents en un demi-siècle d'histoire de France, Arnaud Beltrame peut légitimement éprouver une immense fierté pour ses aïeuls qui ont versé leur sang pour leur récente patrie.

Ainsi, en moins d'un demi-siècle, par l'Église, l'école et l'armée, la France a intégré cette famille d'immigrés italiens qui a donné, à sa patrie d'adoption, sa sueur et son sang. Arnaud Beltrame est bien le digne héritier de ces hommes et de ces femmes venus des campagnes au-delà des Alpes, il y a plus d'un siècle, chercher fortune en France. La marraine d'Arnaud, Ada Beltrame,

8. *Entretien téléphonique avec Marie-Pierre Radet, cousine d'Arnaud Beltrame*, 17 mai 2018.

se souvient de la ressemblance entre son filleul et ses ancêtres italiens : « Ce qui nous frappe, c'est cette allure élancée, cette finesse physique, sportive, une grande élégance ; puis un sourire éclatant et des yeux bleus qui sont un formidable héritage[9] ! »

Des racines bretonnes

Arnaud Beltrame est aussi breton qu'il est italien, corse et provençal. Par sa famille maternelle, il appartient à une vieille famille de l'arrière-pays vannetais, les Nicolic, cultivateurs depuis des générations dans les villages de Plumelec, Saint-Jean Brévelay, Elven, Cadoudal, Guéhenno et Trédion (Morbihan). Le pays n'est pas aussi sauvage que le Léon ou le Trégor ou la région des monts d'Arrée. Ici, c'est une région de prairies et de bois, de surface assez plane sauf à proximité de la rivière La Claie. L'habitat est dispersé et les gros bourgs jalonnent les quelques routes qui traversent le département. Ce centre du Morbihan est bien moins fréquenté que le golfe qui attire nombre de touristes l'été. Ici, c'est un monde rural et agricole, Dans cette Bretagne de fermes, de manoirs, de chemins creux, de prairies coupées par les hauts talus, c'est aussi le pays chouan, la terre de Pierre Guillemot dit le Roi de Bignan, lieutenant de Georges Cadoudal et l'un des plus

9. *Lettre d'Ada Beltrame au maire de Carcare (Italie)*, 7 mai 2018. Archives Ada Beltrame. La ville de Carcare en Ligurie, dont sont originaires les Beltrame, tient aussi à célébrer l'officier français comme l'un de ses enfants. Une rue devrait porter son nom dans quelque temps.

valeureux chefs de la contre-révolution bretonne. À Trédion justement, en août 1794, un violent combat opposa les chouans aux républicains lors de la révolution française.

La famille maternelle d'Arnaud Beltrame n'a rien à envier à quiconque en termes de patriotisme et les monuments aux morts des villages des environs portent inscrits les noms de cinq Nicolic morts pour la France en 1914-1918. Trois pour la seule année 1915 : Émile (8e bataillon de chasseurs à pied) tombé à Suippes, François (128e régiment d'infanterie) mort en Belgique, et Jules tué à l'ennemi à Tahure ; puis Jean-Marie (137e régiment d'infanterie) tué à Moulin-sous-Touvent (Oise) en 1917 et enfin Gustave (337e régiment d'infanterie) mort en captivité en Allemagne en 1918. Dans les années 1960-1980, les parents de Nicolle Beltrame (les Nicolic) possèdent encore une grande ferme à Trédion : Kerlan. C'est là que la mère d'Arnaud Beltrame passe son enfance, aidant ses parents et grands-parents agriculteurs. Ses compagnons de jeu sont ses cousins et les enfants de la famille Charette qui possèdent le château de Kerfily à Elven tout proche. La mère d'Arnaud Beltrame ainsi que plusieurs autres membres de la famille habitent toujours Trédion.

Sans méconnaître ses origines méditerranéennes, c'est en Bretagne qu'Arnaud se sent chez lui. Passionné par la civilisation celtique, il aime marcher sur les chemins, dans les bois à la rencontre des menhirs et des dolmens qui abondent autour de Trédion : l'allée couverte de la Loge aux loups, les trois menhirs de Coëby, le menhir fourchu, les menhirs sculptés Babouin et Babouine, la pierre tabulaire de la Bataille. Mais c'est toute la Bretagne qui est son terrain de chasse aux pierres mégalithiques. Avec ses frères et un cousin, il organise des raids de trois jours à pied en forêt de Brocéliande et dans les monts d'Arrée en évitant de se faire remarquer par les habitants et les passants. Sur les lieux sacrés des fontaines, des chapelles et des points hauts, il s'intéresse au magnétisme, aux forces de la nature, à tout ce qui recèle une part de surnaturel. Il fait son miel des légendes bretonnes, de l'histoire du roi Arthur et des chevaliers de la Table ronde. L'un de ses lieux préférés est l'église de Tréhorenteuc, dont la décoration intérieure mêle christianisme et merveilleux celtique de la légende du Graal, à l'entrée du Val sans retour. L'histoire de la chevalerie le fascine, particulièrement tout ce qui se rapporte à l'ordre du Temple. Ces moines-soldats des croisades, « premiers à attaquer et derniers à se retirer » du champ de bataille, sont l'un des modèles auxquels il s'identifie tout jeune[10]. Tout au long de sa vie, l'idéal chevaleresque du Moyen Âge lui sert de guide, dans l'armée, la franc-maçonnerie et l'Église catholique.

En Bretagne, il se confronte aussi à l'histoire plus récente, celle de la Résistance et des parachutistes de la

---

10. Hospitaliers et templiers ont laissé de nombreuses traces architecturales en Bretagne. Dans le diocèse de Vannes, à quelques dizaines de kilomètres de Trédion, on peut voir les vestiges de la commanderie de Carentoir et ceux des établissements de la Vraie Croix, de Limerzel ou de Questembert et bien d'autres encore. Voir Guillotin de Corson, *Les templiers en Bretagne et les hospitaliers de Saint-Jean de Jérusalem*, Yoran Embanner, Fouesnant, 2006 et Louis-Christian Gautier, *Histoire des templiers en Bretagne*, Yoran Embanner, Fouesnant, 2008.

France Libre. « Le Morbihan peut s'enorgueillir d'avoir été le plus résistant des départements (bretons) », a pu écrire un historien de la Bretagne[11]. Du départ du Vannetais Gilbert Renault (futur colonel Rémy) le 18 juin 1940, à la création des premiers réseaux en ville et la campagne l'année suivante, les Morbihannais font renaître l'esprit de la chouannerie face à l'occupant. À Vannes la vicomtesse Sabine de Nanteuil organise le réseau d'évasion des aviateurs vannetais et rejoint le maire radical-socialiste révoqué Maurice Marchais dans le réseau Libé-Nord. Aviateurs, réfractaires au STO se cachent dans les châteaux, les manoirs, les fermes et les monastères comme chez les augustines de Malestroit ou chez les cisterciens de Timadeuc. Pour le département, c'est le chef d'escadron de gendarmerie Maurice Guillaudot qui est l'âme de la résistance jusqu'à son arrestation en décembre 1943[12]. En juin 1944, quelques heures avant le débarquement, les parachutistes français du 2e RCP du commandant Bourgoin sont largués sur la Bretagne et organisent le célèbre maquis de Saint-Marcel qui tient en échec l'armée allemande. Après la dispersion du maquis breton, les troupes d'occupation se déchaînent contre les paras français et les civils. Plusieurs massacres sont perpétrés dans les fermes alentours. Oui, le département du Morbihan est sans doute l'un des plus résistants de France, mais il est aussi l'un des plus meurtris dans la chair de ses habitants. Dans

11. Gérard LE MAREC, *La Bretagne dans la Résistance*, Ouest-France, Rennes, 1983, p. 180.
12. La 99e promotion de l'EOGN (1992-1995) porte le nom de *Général Maurice Guillaudot*, la 121e (2014-2016) celle de l'un de ses subordonnés le *Lieutenant Jean Jamet*.

ses pérégrinations sur les routes et les chemins, Arnaud Beltrame peut se recueillir devant les nombreuses croix de chemin portant les noms de ses anciens morts pour la France : le capitaine Pierre Marienne à Plumelec, le lieutenant François Tisné à Trédion, le sous-lieutenant Roger de La Grandière à Guégon et leurs dizaines de compagnons et civils tombés pour la liberté. Le musée de la résistance bretonne de Saint-Marcel est aussi l'une de ses destinations privilégiées. Ce souvenir de la résistance en Bretagne marque très profondément le jeune homme et contribue à former son identité et son amour de la France[13].

Les parents d'Arnaud Beltrame

Si le père d'Arnaud Beltrame a été peu évoqué dans la presse, celui-ci a toujours gardé une grande place dans son cœur de fils. Ada Beltrame, la tante et marraine d'Arnaud, évoque son petit frère et force est de reconnaître que le fils tient du père sur de nombreux points : « Jean-François était un adolescent magnifique, droit comme un i, élancé, musclé, des cheveux blonds frisés (…). Jeff était très intelligent, très érudit, il nous captivait quand il parlait de sciences, de géographie, d'histoire, d'astronomie, de mathématiques. (…) il jouait de la guitare et nous chantions souvent ensemble des chants scouts. Nous avions été cœur vaillant, âme vaillante, guide, scout, cheftaine de louveteaux et JAC.

13. Archives départementales du Morbihan, *Le Morbihan en guerre 1939-1945*, Conseil général du Morbihan, Lorient, 2009.

Que de beaux souvenirs [14]!! » Mais, l'adolescent est aussi un être torturé et blessé par l'autorité paternelle. Pour échapper à l'ambiance familiale, il devance l'appel et s'engage à 18 ans à Fréjus au titre des troupes de marine. Après ses classes, il rejoint l'école militaire de Strasbourg qui forme alors les cadres de l'armée française et prépare également à devenir officier. Bon soldat, Jean-François Beltrame obtient plusieurs certificats ainsi que son brevet militaire professionnel du 1er degré. Sergent en compagnie de combat, il sert au 3e RIMa (Vannes) et au 2e RIMa (Le Mans). Mais il est loin le temps des rizières et des djebels, et l'armée française de la fin des années soixante incite moins les jeunes aux rêves et à l'aventure, même au sein des troupes de marine. Sans doute déçu par l'institution de l'après 1968, et au grand dam de son père officier, Jean-François Beltrame quitte l'armée en 1970 après six ans de service. Retiré un temps dans le Var familial, il s'installe ensuite à Étampes (Essonne). Devenu infirmier psychiatrique, il épouse l'une ses collègues, Nicolle Nicolic. Trois garçons naissent de cette union : Arnaud (1973), Cédric (1975) et Damien (1981). Les parents divorcent en 1992. À la différence de ses frères plus jeunes, Arnaud Beltrame reste toujours en contact avec son père malgré les affres d'un divorce difficile. Le major de gendarmerie Emmanuel Franchet, qui a travaillé avec lui à Avranches, se souvient qu'il parlait beaucoup, et en bien, de son père. Aîné de famille, Arnaud Beltrame se fait un devoir de maintenir le lien, de l'aider et d'organiser des activités avec lui. Ensemble, ils font

14. *Lettre d'Ada Beltrame*, 9 juin 2018.

un bout du chemin de Compostelle, puis du GR 20 en Corse. Mais la santé de Jean-François Beltrame décline rapidement et le 16 août 2017, se sachant condamné par une tumeur envahissant son cerveau, il part sur son bateau de Port-Camargue (Gard) sans espoir de retour en laissant une dernière lettre à la capitainerie. Son corps, retrouvé six mois plus tard dans les filets d'un bateau de pêche, est formellement identifié par des tests ADN. Arnaud Beltrame assiste aux obsèques religieuses de son père le 16 mars 2018, une semaine avant l'attentat de Trèbes.

La France entière a retenu l'énergie et les paroles de la mère du lieutenant-colonel Beltrame qui s'est exprimée dans les médias après l'attentat. Décidée, volontaire, droite, Nicolle Beltrame est une maîtresse femme qui, comme son fils, ne peut laisser indifférent. Liés par un amour mutuel indéfectible, la mère et le fils ont toujours été très proches l'un de l'autre et se ressemblent aussi beaucoup dans leur caractère. Habités tous les deux par l'amour du travail, le courage, l'effort, le regard tourné vers les autres, le don de soi, ils incarnent des hautes valeurs morales qui ne sont plus si courantes aujourd'hui.

Au début de leur mariage, les Beltrame travaillent à l'établissement public de santé Barthélemy Durand à Étampes. Nicolle Beltrame raconte : « Lorsque les garçons étaient petits, nous habitions un chalet au milieu des bois à Chalo-Saint-Mars près d'Étampes. Comme nous travaillions tous les deux, Arnaud et ses frères étaient confiés à une nourrice tôt le matin. Puis ils sont allés à l'école du village[15]. » La nourrice, Martine Fonseca se souvient : « C'était un petit bébé tout blond avec les yeux bleus. (...) Je le couchai avec mes enfants qui ont le même âge. Pour nous c'était un membre de la famille. » L'institutrice du petit garçon, Françoise Harrau, ajoute que durant ses années de primaire, « il était brillant (...) travailleur et attentionné[16]. »

Autour du chalet, il y a un grand jardin de plusieurs milliers de mètres carrés en lisière d'un bois. C'est le domaine d'Arnaud Beltrame. Enfant, il est passionné de petits soldats. De ces petits soldats de plastique de toutes les couleurs de marque Airfix ou Matchbox permettant de reconstituer les batailles napoléoniennes ou celles des deux guerres mondiales, et de s'inventer des heures de bonheur. Plus grand, il organise des jeux dans la nature pour ses frères et ses amis. Adolescent, il s'équipe : des jumelles pour observer les animaux et les oiseaux ; une carabine 22 Long Rifle pour s'entraîner sur des cibles qu'il confectionne lui-même. « Il a déjà une grande notion des règles de sécurité avec sa première arme ; il sait la démonter par cœur et l'entretenir », dit son frère Damien[17]. Avec ses frères, il est vraiment l'aîné, le protecteur. Ils forment un véritable trio fraternel dans le vrai sens du terme. Bon élève, excellent dans les matières scientifiques et passionné par l'histoire de France, Arnaud Beltrame est un adolescent de son temps qui aime les jeux vidéo, la musique métal

15. *Entretien avec Nicolle Beltrame*, Trédion, 4 mai 2018.
16. « L'hommage à Arnaud Beltrame », *Étampes Info*, n° 111, 30 mars 2018, p. 2 et Teddy VAURY, « L'Essonne rend hommage à Arnaud Beltrame », *Le républicain de l'Essonne*, 28 mars 2018.
17. *Entretien avec Damien Beltrame*, Maisons-Alfort, 3 mai 2018.

et les films de guerre ; ses préférés sont *Platoon* (Oliver Stone, 1986), *Full metal jacket* (Stanley Kubrick 1987), *Il faut sauver le soldat Ryan* (Steven Spielberg, 1998) et *La chute du faucon noir* (Ridley Scott, 2001). « Il ne regarde pas ces films comme un simple divertissement, mais y porte toujours un regard critique et réaliste surtout dans les scènes de combat », rapporte son frère Damien[18].

Bons élèves du lycée Geoffroy-Saint-Hilaire d'Étampes, les frères Beltrame passent tous les trois des baccalauréats scientifiques : Arnaud afin de présenter les concours d'écoles d'officiers, Damien pour ensuite travailler dans l'informatique et Cédric qui rejoindra l'École nationale supérieure d'arts et métiers (ENSAM) à Paris. Très sportifs, ils sont adeptes des sports de combat : Krav-Maga et boxe pieds-poings pour Arnaud et Damien ; taekwondo pour Cédric. Malgré les séparations professionnelles, les trois frères se retrouvent dès qu'ils le peuvent pour marcher sur les chemins de grande randonnée, gravir un sommet ou se ressourcer en Bretagne autour de leur mère et des autres membres de leur famille. Arnaud Beltrame aime organiser des grandes tablées l'été pour retrouver ceux qui lui sont chers. Non point pour faire la fête pour la fête, mais plutôt pour « faire se retrouver les gens ensemble » et tout simplement développer une véritable fraternité.

18. *Ibid.*

Vers l'épaulette

« De loin, le jeune officier vit le drapeau français
qui flottait sur le toit le plus élevé. »
Lieutenant Ernest PSICHARI,
2e régiment d'artillerie coloniale,
mort pour la France le 22 août 1914[1].

Pourquoi s'engager dans l'armée au début des années 1990 ? Qu'est-ce qui peut bien pousser un jeune homme, ou une jeune femme, à devenir officier alors que beaucoup de leurs camarades de lycée se lancent dans des études de finance, de commerce ou de sciences politiques ? Plusieurs réponses viennent à l'esprit : la tradition familiale, le goût de l'aventure et du sport, l'attrait de l'uniforme, la volonté de servir la France et ses compatriotes. C'est un peu tout cela qui a forgé la vocation d'Arnaud Beltrame, car il s'agit bien dans son cas d'une véritable vocation un peu comme une entrée en religion, la religion de la patrie et de « l'Arche sainte », comme l'on qualifiait l'armée après la défaite de 1870.

1. Ernest PSICHARI, *Le voyage du centurion*, Louis Conard, Paris, 1947, p. 8.

Saint-Cyr-l'École

Ayant obtenu un baccalauréat scientifique avec mention en 1991, Arnaud Beltrame est admis en classes préparatoires au lycée militaire de Saint-Cyr-l'École (Yvelines) afin de préparer les concours des grandes écoles militaires. Les élèves des classes préparatoires aux écoles militaires rêvent du casoar et des gants blancs de l'École spéciale militaire, de l'École navale ou de l'École de l'air, de combats héroïques et de sacrifices, de leurs anciens des rizières d'Indochine et des djebels d'Algérie. C'est un monde un peu à part que celui des lycées militaires. C'est celui où Arnaud Beltrame se sent bien. Il y a trouvé une nouvelle famille, celle de l'armée. La corniche de Saint-Cyr-l'École porte le nom de *Pol Lapeyre,* héros de la guerre du Rif dont le texte de la citation rédigée par le maréchal Lyautey est à connaître par cœur par chaque élève de la corniche[2] :

> *Lapeyre Pol, sous-lieutenant au 5e régiment de tirailleurs sénégalais commandant le poste de Beni Derkoul, comprenant quatre Français et trente et un Sénégalais. A tenu en échec pendant soixante et un jours un ennemi ardent et nombreux. A conservé jusqu'au dernier jour un moral superbe, sans une plainte, sans un appel à l'aide. Le 14 juin 1925, submergé par le flot ennemi, a fait sauter son poste plutôt que de se rendre, ensevelissant à la fois sous les ruines le reste de sa garnison*

2. Corniche : nom des classes préparatoires dans les lycées militaires.

et ses assaillants. Mérite que son nom soit inscrit au livre d'or de l'Armée comme exemple de l'esprit du devoir et du sentiment de l'honneur poussés jusqu'au sacrifice.

Fier comme tout, Arnaud Beltrame endosse sa première tenue militaire : vareuse bleu marine à épaulettes bleu ciel, pantalon bleu marine, calot de tradition azur à liseré vert, chemise blanche, cravate noire. Dès la première semaine de la rentrée, la corniche part suivre une préparation militaire à Beynes (Yvelines) sur le camp du 5e régiment d'infanterie. Tir, ordre serré, topographie sont au programme. Un de ses meilleurs camarades, Maxime Do Tran, se souvient d'Arnaud à cette époque :

Arnaud et moi avons de suite sympathisé car il était facile d'accès et simple. Il n'avait pas de préjugés et était très jovial. Il était loin d'être le meilleur en classe, mais s'accrochait et cherchait toujours à progresser. Comme nos familles habitaient en province, nous restions tous les week-ends au lycée et nous ne rentrions chez nous que pour les vacances. Nous nous accordions donc une pause, en général, le dimanche en fin d'après-midi, qui était consacrée soit au sport soit à une activité « militaire » : voir la « Première » du film Diên Biên Phu *de Schoendoerffer avec le sweat-shirt de la Corniche (ce qui était interdit), écumer les surplus pour trouver des insignes militaires... Il sortait toujours avec ses rangers pour chaussures... Il pratiquait le karaté et était très assidu, le soir, de temps en temps pour se défouler, il nous prenait gentiment comme « punching-ball ». Il était aussi fan de musique métal et de hard rock. Lors de moments de décompression, il mettait sa musique à fond et imitait les chanteurs dans des danses saccadées*[3]...

À l'été, les volontaires ont la possibilité de suivre une préparation militaire parachutiste, Arnaud et quelques camarades sont du stage. Après une semaine d'instruction, ils ont la joie d'effectuer quatre sauts sur une base près d'Orléans et la fierté de coiffer quelques jours le mythique béret rouge. À cette époque, il rêve d'intégrer, après Saint-Cyr, les parachutistes des troupes de marine et ne parle pas encore gendarmerie. L'année suivante est l'année décisive : bachotage, devoirs, concours blancs, colles... Mais pour Arnaud Beltrame et quelques amis, le résultat n'est pas au rendez-vous. Ils échouent au concours de 1993. Plusieurs sont toutefois admis à « cuber » (redoubler). Pour oublier l'échec, ils décident cet été-là de partir en vacances ensemble : « Nous nous sommes retrouvés dans les Pyrénées pour une semaine, chargés comme des mules en autonomie complète, pour faire de la randonnée, du canyoning, de l'escalade... Un excellent moment d'activités physiques et de camaraderie », se souvient Maxime Do Tran.

À la rentrée, c'est de nouveau la litanie bachotage, devoirs, concours blancs, colles... Cette fois, Arnaud rate le concours de peu, mais c'est terminé pour lui.

---

3. *Témoignage du colonel Maxime Do Tran*, 16 août 2018.

Il ne coiffera pas le shako à casoar de la « Spéciale ». Très déçu, mais non abattu, il rebondit. Pas question pour lui de changer de voie et de s'inscrire à l'université. Non, c'est officier qu'il veut devenir et c'est officier qu'il sera. Puisque la voie directe ne passe pas, il fait comme beaucoup de ses pairs qui aiment à répéter l'adage « Saint-Cyr t'attire, Saint-Maixent t'attend, l'EMIA tu auras », il part suivre la formation des élèves-officiers de réserve pour laquelle il a déjà été sélectionné lors de ses classes. Son but est bien, à terme, de se faire activer.

Élève-officier de réserve à Draguignan[4]

Le mardi 5 décembre 1995, quelques dizaines de jeunes hommes débarquent à la gare des Arcs de Draguignan (Var). Ils ont une vingtaine d'années et, malgré le froid de cette fin d'automne provençal, le ciel bleu dans les yeux. Parmi eux, Arnaud Beltrame, 22 ans, qui est ici dans la région d'élection de ses ancêtres italiens. Parmi les jeunes gens qui arrivent en ce matin de décembre, il y a tout d'abord ceux qui sont là sans arrière-pensée d'engagement, mais qui veulent faire un service intéressant, sportif et avoir une première responsabilité pendant une année. Et puis, il y a les « fana mili » dont quelques-uns ont échoué au concours et qui souhaitent vraiment s'engager dans l'armée, par cette autre porte que la voie royale des concours

4. Cette reconstitution des quatre mois d'EOR à Draguignan est due aux témoignages des colonels de gendarmerie Éric Luzet et T. L.

externes. Sur la soixantaine de futurs EOR, sept ou huit rentrent dans cette catégorie dont trois ou quatre seulement feront carrière. Pour Arnaud et les autres « fana mili », il ne s'agit pas de subir la scolarité en dilettante, mais de se classer dans les meilleurs pour obtenir un bon régiment, être bien noté afin d'effectuer un service long (VSL) et espérer tenter les concours d'activation.

Récupérés par les personnels de l'école, les futurs EOR sont emmenés en car vers l'École d'application de l'artillerie (EAA) à quelques kilomètres à l'extérieur de la ville de Draguignan. C'est une école relativement récente et bien équipée, construite en 1976, et qui fait de Draguignan la capitale française de l'artillerie. La veille, les artilleurs ont fêté sainte Barbe, leur patronne. Ainsi, les jeunes gens sont-ils aussitôt sensibilisés à l'identité de leur arme. Pris en charge par le capitaine Franco, un artilleur sol-sol, les nouvelles recrues subissent l'immuable chaîne d'incorporation connue de tous ceux qui un jour ou l'autre ont eu à faire avec la chose militaire, qu'ils aient effectué leur service national, se soient engagés dans l'active ou soient devenus, aujourd'hui, jeunes réservistes opérationnels : formalités administratives, visite médicale, distribution des effets militaire font entrer le civil de plain-pied dans la vie de la caserne. Puis, c'est l'affectation dans les chambres. Un ancien camarade de section d'Arnaud Beltrame se souvient parfaitement de ce moment : « Une agréable surprise pour tous : les chambres. Loin de l'imaginaire des chambrées collectives (que nous avions pratiqué par ailleurs en PMS ou en PMP), nous étions logés dans les chambres élèves de deux ! Lit, bureau, placard et salle d'eau par chambre… c'était presque spacieux. Et le comble : nous avions des balcons qui donnaient sur la pinède de l'école. Bien utile pour faire sécher les affaires en rentrant du terrain ou profiter du soleil hivernal du sud de la France[5]. » Trois sections d'une vingtaine d'EOR chacune sont constituées et confiées à des cadres d'expérience. La promotion sortante accueille la promotion entrante par deux jours d'intégration faite de différentes épreuves afin de faciliter la cohésion du groupe.

La formation des EOR est intense. La scolarité à l'EAA dure quatre mois. Une première partie « toutes armes » (TTA) vise à donner à l'élève-officier les rudiments du commandement d'un chef de section de l'armée de terre : connaissance toutes armes et formation à l'exercice de l'autorité.

> *« Ces deux premiers mois sont très durs », se souvient un ancien EOR. « Beaucoup de marches, d'apprentissage au combat, de tirs, de cours de topographie… et pas beaucoup de repos… j'ai souvenir de cours à l'issue de nuits blanches sans aucune prise de notes (…). On pouvait passer plusieurs jours à sillonner le camp de Canjuers ou l'Estérel avant de rentrer à Draguignan. C'était une formation très exigeante. Il fallait en peu de temps former des officiers à partir d'une ressource issue du monde civil… quand les grandes écoles militaires forment en plusieurs mois, voire plusieurs années. On nous enseignait autant le*

5. *Témoignage du colonel de gendarmerie T. L.*, 2 juillet 2018.

« savoir-faire », que le « savoir-être ». Peut-être plus le « savoir-être »[6].

L'EOR Beltrame est parfaitement à l'aise dans ce milieu : il est sûr de son choix. « De lui à cette époque, je garde le souvenir d'un élève-officier enthousiaste, « fana mili » (...) Sportif, élancé et dynamique, il était militaire dans l'âme sans aucun doute[7]. »

Au bout de cette première partie de classes, un classement intermédiaire est donné et les EOR reçoivent l'insigne de leur grade : la crevette, fin galon argenté liseré de rouge. Lors de l'activité de cohésion qui préside à la remise de ce premier galon, l'élève-officier doit aller chercher sa crevette au fond d'un grand verre rempli de coca-pastis. En fonction de leur classement, les EOR se spécialisent en artillerie sol-sol ou sol-air. Arnaud brille déjà par ses capacités intellectuelles, sportives et de commandement. Spécialisé sol-sol, il reçoit une formation complémentaire d'observateur et de chef de section qui correspond certainement davantage à ses attentes, c'est-à-dire à être au plus près des zones de combat sur le terrain. Les cours à l'EAA alternent avec des séances concrètes au camp militaire de Canjuers, plus grand camp de manœuvre d'Europe avec ses 34 000 hectares. Montagnes et froid hivernal participent aussi à la formation des jeunes artilleurs. L'encadrement de l'école est de qualité et les futurs chefs se révèlent. Arnaud est

---

6. *Témoignage du colonel de gendarmerie Éric Luzet,* 20 mai 2018. Le colonel Luzet aura une carrière très similaire à celle d'Arnaud Beltrame : EOR à Draguignan, 35e RAP et 8e RA, EMIA et gendarmerie (EOGN, Garde et gendarmerie départementale).
7. *Témoignage du colonel de gendarmerie T. L.*, 2 juillet 2018.

en tête de classement, parmi les meilleurs de la promotion.

Au bout de quatre mois, la formation des EOR est terminée. En cette fin du mois de mars 1996, les élèves-officiers choisissent leurs affectations en fonction de leur classement. Pour l'artillerie sol-sol, les régiments les plus convoités sont le 35ᵉ régiment d'artillerie parachutiste, le 93ᵉ régiment d'artillerie de montagne, le 68ᵉ régiment d'artillerie d'Afrique et les 1ᵉʳ et 11ᵉ régiments d'artillerie de marine. Arnaud Beltrame n'hésite pas longtemps et choisi le 35ᵉ RAP, le régiment d'artillerie de la 11ᵉ division parachutiste. Comme son grand-père Georges, l'ancien d'Indochine, il veut servir sous le béret rouge. Mais, avant que les futurs aspirants ne se dispersent et rejoignent leurs affectations, la promotion est baptisée.

Il faut s'arrêter un instant ici sur le nom de cette première promotion EOR à laquelle appartint Arnaud Beltrame. Selon l'usage, c'est le commandement de l'école qui choisit le nom de baptême de la nouvelle promotion. Dans les armées, ce nom donné est celui d'un officier (souvent mort pour la France) ou d'un combat glorieux. Avec l'insigne et le chant, le nom est l'élément fondamental de l'identité de la promotion. Pour Arnaud Beltrame et ses camarades, le nom choisi est celui du lieutenant Ernest Psichari mort pour la France lors du premier conflit mondial. Pour la plupart des EOR, le nom de Psichari est totalement inconnu, mais pour les quelques « fana mili », la figure de cet officier colonial et écrivain catholique mort à 30 ans évoque bien des choses. Personnalité riche et complexe, Ernest Psichari (né en 1883) est le petit-fils du philosophe breton Ernest Renan. Son père est un universitaire reconnu, professeur à l'École pratique des hautes études et à l'École des langues orientales. Brillant étudiant, socialiste, dreyfusard, il se lie d'amitié avec Charles Péguy et Jacques Maritain. Au plus fort de l'affaire Dreyfus (1894-1906), Péguy et Psichari militent pour la défense du capitaine alsacien, révoltés qu'ils sont par l'antisémitisme virulent qui se déchaîne à cette occasion. Appelé au 51e régiment d'infanterie caserné à Beauvais, Psichari s'engage après le temps légal. Passé au 1er régiment d'artillerie coloniale à Lorient, il appartient à la mission du capitaine Eugène Lenfant en Oubangui-Chari (Centrafrique) et au Tchad. Maréchal des logis, décoré de la médaille militaire à 24 ans, nommé sous-lieutenant, il sert ensuite au Sénégal et en Mauritanie. De cette expérience africaine, Psichari publie en 1908 *Terres de soleil et de sommeil.* Son livre *Les voix qui crient dans le désert,* paru après sa mort, évoque aussi ses souvenirs africains. À la même époque, Psichari se convertit au catholicisme et entre dans le tiers-ordre dominicain. Le 22 août 1914, en fin de journée, lors des combats de Rossignol en Belgique, le lieutenant Ernest Psichari du 2e régiment d'artillerie coloniale s'écroule frappé d'une balle dans la tempe en défendant ses pièces face aux Allemands. Sur son visage un sourire apaisé ; autour de ses mains, un chapelet. Le nom de Psichari est un bel exemple pour la promotion. Par sa soif d'absolu, sa haute élévation spirituelle, nul doute que la personnalité de Psichari ait eu une certaine influence sur le jeune élève-officier en recherche d'idéal. D'ailleurs, Arnaud Beltrame s'implique fortement dans le bureau tradition de la promotion préparant un diaporama, participant à l'écriture du chant de promotion et au dessin de l'insigne[8].

Au soir du 26 mars 1996, sur la place d'armes de l'École d'application de l'artillerie, en présence des autorités, devant leurs proches et leurs pairs, les élèves-officiers de réserve reçoivent des mains de leur parrain respectif leurs galons d'aspirant et leur sabre d'officier. Pour ces jeunes hommes, c'est un moment très fort de leur vie militaire, qu'elle soit par la suite longue ou courte. Par leurs efforts, ils ont conquis l'épaulette qui fait d'eux de futurs officiers de France. Le lundi suivant, ils rejoignent leur régiment. Pour Arnaud Beltrame, direction Tarbes et les Pyrénées afin de rejoindre le 35e RAP.

Le 35e RAP, un régiment prestigieux

Implanté à Tarbes depuis 1947, le 35e RAP est à l'origine créé à Vannes en 1873. Son chef de corps le plus célèbre est le colonel (futur maréchal de France) Ferdinand Foch qui le commande entre 1903 et 1905. Sur son insigne régimentaire, il porte d'ailleurs une hermine de Bretagne tenant le blason sang et or de la capitale du comté de Bigorre. Ce clin d'œil n'est pas sans déplaire à Arnaud Beltrame pour qui son vieux pays breton, qu'il n'a pas parcouru depuis plusieurs

8. Sur Ernest Psichari, voir Henri Massis, *La vie d'Ernest Psichari*, L'art catholique, Paris, 1920 et Frédérique Neau-Dufour, *Ernest Psichari, l'ordre et l'errance*, Cerf, Paris, 2001.

mois, manque tout de même un peu. Régiment d'artillerie de campagne de la IIIe république, le 35e régiment d'artillerie de campagne (RAC) s'illustre durant la Grande Guerre et pendant la campagne de France de 1940. Après la guerre, le régiment est spécialisé dans le combat aéroporté et devient régiment d'artillerie légère parachutiste (RALP). Il sert alors en Indochine puis en Tunisie et en Algérie. Dans les années 1970-1990, le régiment participe aux opérations extérieures (OPEX) de la fin de la guerre froide au Tchad, au Liban et dans le golfe Persique.

Lorsque l'aspirant Arnaud Beltrame franchit les grilles du quartier Soult à Tarbes, il a conscience du riche héritage porté par le régiment et il veut en être digne. Accueilli par le colonel Arnaud L'Huillier, il est affecté à la 4e batterie sol-sol du régiment. Le stage à l'École des troupes aéroportées à Pau pour l'obtention du brevet parachutiste est un grand moment pour l'aspirant. Six sauts dont un de nuit sont nécessaires pour être brevetés et rejoindre la longue cohorte des anciens au béret rouge des troupes coloniales, vert de la légion, ou bleu roi des paras métropolitains. À la fin du stage, c'est avec fierté qu'Arnaud arbore désormais les ailes au parachute d'argent sur sa tenue. Le même qu'avait porté son grand-père Georges il y a plus de quarante ans.

L'année passe vite au 35e RAP. Entre les formations personnelles et l'instruction des jeunes recrues, les semaines défilent. Comme chef de section, Arnaud Beltrame participe à la formation des appelés et des engagés. Il a une vingtaine de militaires sous ses ordres. Pour la première fois, il est un chef et regardé comme tel.

C'est une belle responsabilité pour un jeune tout juste sorti de sa formation élémentaire d'officier. L'un de ses camarades se souvient : « Il était un excellent camarade doté d'un très bon état d'esprit. Généreux et tourné vers les autres, sa rigueur naturelle et son engagement faisaient de lui quelqu'un de reconnu tant professionnellement qu'humainement[9]. »

Arnaud n'a pas changé d'objectif. Il veut être officier d'active. Désormais, la solution est de préparer le concours de l'École militaire interarmes (EMIA). Cette école a pour vocation de former les sous-officiers d'active et officiers de réserve issus du recrutement interne, à la différence de l'École spéciale militaire (Saint-Cyr) réservée au recrutement direct. Si, aujourd'hui, les lauréats de l'EMIA sont tous des sous-officiers d'active ou des engagés volontaires de l'armée de terre (EVAT), beaucoup d'officiers de réserve en situation d'activité (ORSA) tentent encore le concours à la fin des années 1990. Au mois d'avril 1997, le sous-lieutenant Beltrame (nouvellement promu) est admis à suivre un stage de perfectionnement et rejoint pour un mois le 4e bataillon de Saint-Cyr aux Écoles de Coëtquidan. Le voici en forêt de Paimpont, au cœur de cette Bretagne à laquelle il est tellement attaché. Lors de ce stage, il se lie d'amitié avec un sous-lieutenant du 8e régiment d'artillerie de Commercy (Meuse), Éric Luzet, ancien du 35e RAP. Tous les deux se suivront longtemps dans une carrière quasi parallèle en régiment, à l'EMIA et en

9. *Témoignage du lieutenant-colonel Marc Jully*, 30 juin 2018. Lieutenant en 1996-1997, commandant en second du 35e RAP en 2018.

gendarmerie[10]. Éric Luzet se souvient qu'Arnaud est déjà à ce moment très motivé par le concours de l'EMIA, qu'il « en voulait » et qu'il travaillait pour être le meilleur. À la fin de son volontariat service long (VSL), Arnaud Beltrame signe un contrat d'officier de réserve en situation d'activité (ORSA), mais est contraint quitter l'artillerie parachutiste pour le 8e RA dans la Meuse. Affectation « moins exotique… » que le régiment tarbais[11]. D'ailleurs, le 35 « espère très fort le voir revenir quelques années plus tard tant sa valeur sur le terrain et sa recherche de la perfection avaient été bien identifiées à la 4e batterie[12]. »

Le 8e régiment d'artillerie, régiment d'*Austerlitz*

Le 8e régiment d'artillerie est l'un des plus vieux et des plus glorieux régiments de l'armée française. Créé sous le règne de Louis XVI en 1784 sous le nom de *Corps royal de l'artillerie*, il stationne en Bretagne (Port-Louis et Lorient) et outre-mer. Devenu 8e régiment d'artillerie, il participe à toutes les campagnes de la Révolution et de l'Empire et s'illustre particulièrement à Austerlitz. On le retrouve à Friedland, en Espagne, à Essling et Wagram, en Russie, pendant la campagne de France et à Waterloo. Il combat ensuite dans les

10. C'est le colonel Éric Luzet qui confie à la promotion *Colonel Arnaud Beltrame* de l'EOGN une bonne part des objets célébrant son ami dans les vitrines commémoratives en juin 2018.
11. *Témoignage du colonel de gendarmerie Éric Luzet*, 20 mai 2018.
12. *Témoignage du colonel Pierre-Olivier Marchand,* 2 juillet 2018. Lieutenant au 35e RAP en 1997, il commande le régiment de 2015 à 2017.

campagnes de la Restauration, de la monarchie constitutionnelle et du Second Empire. En 1914-1918, il est de toutes les batailles : la Lorraine, les Flandres, l'Artois, la Champagne, Verdun et le Chemin des Dames. Après la guerre, il occupe la Sarre puis la Ruhr et combat en Syrie. Puis c'est la campagne de 1939-1940 en Lorraine et en Sarre, pour l'honneur, avant sa dissolution. Reconstitué en 1945, il est en Algérie de 1955 à 1963. Ensuite, c'est le désert des Tartares jusqu'à la fin de la guerre froide au rythme de la monotonie meusienne, malgré deux projections de quelques personnels pendant la guerre du Golfe (1991) et au Liban (1995). Le colonel Jean-Luc Ayasse, son chef de corps de 1998 à 2000 raconte :

> *Le 8e RA a longtemps été un régiment ronronnant au rythme des incorporations des appelés. À chaque vague de dissolution, toute l'armée de terre s'attendait à le voir passer à la trappe. 1997 : tempête sur l'armée de terre, restructuration dans tous les sens, sidération à Commercy, le régiment n'est pas dissous et doit se professionnaliser (tout simplement parce que le Chef d'état-major de l'armée de terre du moment – le général Crenne – l'avait commandé et « on ne dissout pas le régiment du CEMAT ! »). La tâche était immense : faire d'un régiment lambda un régiment pro qui tienne la route*[13]…

13. *Témoignage du colonel Jean-Luc Ayasse*, 16 mai 2018. Le colonel Ayasse avait succédé au colonel Jean-Paul Courly qui avait accueilli Arnaud Beltrame au 8e RA en 1997. Dissous en 2013, le 8e RA est recréé en 2017 au profit du groupe de recrutement et de sélection nord-est à Commercy.

Les équipes d'observation dans la profondeur (EOP)

Le sous-lieutenant qui arrive en 1997 à Commercy est affecté à la batterie des opérations (BO) du capitaine Alain Paulin[14]. Celle-ci regroupe les moyens d'acquisition du régiment : détachements de liaison et d'observation dont un spécialisé dans la profondeur, radars de tir de l'artillerie de campagne (RATAC). Arnaud Beltrame est donc désormais « préparant EMIA », mais il n'entend pas passer tout son temps à potasser les cours de tactique, d'anglais et de géopolitique. Sportif, homme d'action, il a besoin de se dépasser physiquement autant qu'intellectuellement. Justement, dans le cadre de la professionnalisation des armées lancée par le président Chirac en 1996, le 8e RA est choisi pour être modernisé. À ce titre, la batterie des opérations a pour mission de mettre en place une section d'équipes d'observation dans la profondeur (EOP). La section existe déjà sur le papier depuis 1996, mais elle n'est pas encore opérationnelle. Composée d'un détachement de liaison et de quatre équipes de cinq hommes, sa mission est de recueillir du renseignement en avant de la manœuvre générale et de déclencher des tirs d'artillerie dans la profondeur du dispositif ennemi sur des cibles à haute valeur ajoutée de type poste de commandement ou zones logistiques. Son autonomie est courte : elle

14. Un régiment d'artillerie est constitué de « batteries » (de 100 à 150 hommes). Chacune est commandée par un capitaine. Une batterie est l'équivalent d'une compagnie dans l'infanterie et d'un escadron dans la cavalerie.

n'excède pas quatre jours dont deux consacrés à l'infiltration et au repli. Les EOP, dans les faits, ce sont les commandos de l'artillerie, les yeux du chef en terrain hostile équipés des meilleurs moyens technologiques : télémètre laser, moyens de transmission longue portée. C'est un mélange de grande rusticité et de technologie de haute définition.

L'ancien artilleur para du 35e se sent prêt à relever le défi. Mais comment ce jeune sous-lieutenant va t-il s'y prendre ? Par des voies secrètes dont elle est coutumière, la Providence met sur sa route un homme dont l'importance est capitale dans la vie d'Arnaud Beltrame : Patrick Thomassin dit Tom. Fils et père de parachutistes, para lui-même jusqu'au bout des ongles, Tom est alors un sous-officier en fin de carrière attendant paisiblement de quitter l'institution après vingt-deux ans passés sous les armes. Ancien du 35e RAP et du 1er régiment de parachutistes d'infanterie de marine (1er RPIMa), moniteur para et chuteur opérationnel, il a servi dans les commandos de recherche et d'action dans la profondeur (CRAPS) et a séjourné sur plusieurs théâtres d'opérations. À l'heure du départ, pour se rapprocher de sa famille lorraine, il a été muté une dernière fois, au 8e RA, régiment où il a également servi quelques années dans sa jeunesse. Il y occupe alors le poste de responsable du bureau des sports de la batterie d'instruction. Mais, dans un régiment classique, les anciens qui ont servi dans une unité parachutiste se ressemblent et s'assemblent. Tous les ans, le 29 septembre, les paras coiffent leur béret rouge et célèbrent saint Michel, leur protecteur et patron. Ils se souviennent des anciens du 6 juin 1944, de ceux d'Indochine et d'Algérie, du Liban et d'Afrique et chantent des chansons qui n'appartiennent qu'à eux. Le jeune para Beltrame a vite repéré l'ancien Thomassin.

C'est dans son bureau de responsable des sports que le grand sous-lieutenant rencontre le petit adjudant (ils ont presque une tête de différence !). Enthousiaste, Arnaud aborde Tom et lui demande de l'aider à monter les EOP du 8e RA ; l'adjudant refuse, il est déjà dans sa vie d'après l'armée. Arnaud insiste, explique, engueule même le sous-officier et, à bout d'arguments, lui lance : « C'est à vous de passer le flambeau, mon adjudant ». Tom va répondre violemment au sous-lieutenant, mais se ravise :

> *J'étais touché par l'énergie de ce jeune officier, sa fougue, sa passion à m'entraîner dans l'aventure. J'ai repensé aux anciens qui m'avaient appris il y a vingt ans ; certains avaient combattu en Algérie, je me suis souvenu de mon père, para d'Indochine ; et puis aussi d'un livre qui m'avait marqué,* Le flambeau, *roman de l'écrivain combattant Erwan Bergot, où des anciens de 1939-1945 et des guerres coloniales transmettent leurs valeurs et leur amour de la France à de jeunes soldats*[15].

Tom accepte finalement d'entraîner les volontaires des EOP en formation. Conseiller technique exigeant,

---

15. *Entretien avec Patrick Thomassin « Tom »*, Momères, 11 mai 2018. Erwan Bergot, *Le flambeau*, Presses de la cité, Paris, 1983.

il met toute son expérience d'ancien commando au service des jeunes artilleurs. Le courant passe entre Arnaud et Tom qui débutent la plus belle et la plus fidèle des amitiés, au-delà des grades, des fonctions et de l'âge. « Il m'a redonné une nouvelle jeunesse alors que moi je terminais mon temps et que lui le commençait », avoue Tom.

Coup parti ! Les deux compères se lancent dans l'aventure des EOP. Quelques dizaines de volontaires se présentent à la formation. Des stages sont organisés dans la forêt lorraine autour de Commercy : en novembre-décembre 1997, l'hiver dans la Meuse, ce n'est pas vraiment la vie de château. Sous la férule des instructeurs, les artilleurs courent, soufflent, souffrent, pleurent, se dépassent et gagnent. Arnaud est dur, mais juste, toujours il aide celui qui a des difficultés : le chef ne laisse personne à la traîne. Il aime commander non pour faire « suer sous le burnous » ses subordonnés, mais pour entraîner ses hommes vers le meilleur d'eux-mêmes. Arnaud apprend aussi beaucoup auprès de Tom. Alors que le sous-lieutenant a fait un bon « loose topo » (ou erreur topographique) et se fait reprendre par l'adjudant, il en conçoit une petite humiliation et met un point d'honneur à devenir le meilleur dans cette discipline. Au bout du compte, les stagiaires EOP doivent être capables de se camoufler, de construire de vraies caches, de s'infiltrer dans les lignes ennemies et d'effectuer des tirs d'artillerie sur des objectifs vitaux pour ensuite s'exfiltrer. Ils doivent être compétents en topographie, secourisme, transmissions, survie. La condition physique de chaque candidat est régulièrement évaluée, car les exigences sont drastiques : les sacs pèsent plusieurs dizaines de kilos (outils, matériel, vivres) et les marches d'infiltration durent facilement six heures. Beaucoup de volontaires sont recalés. Enfin, au bout de six mois, la section est constituée, les EOP du 8e RA sont opérationnelles. Le sous-lieutenant Arnaud Beltrame est chef de section en titre pendant un an jusqu'à l'arrivée à la section du lieutenant François-Régis Legrier, saint-cyrien de la promotion *Maréchal Lannes*, depuis un an chef de section de tir à la 4e batterie du régiment et qui a demandé à rejoindre les EOP. François-Régis Legrier se souvient : « Être chef de la section EOP était un poste passionnant : il assumait les fonctions dites organiques, comme la programmation des activités, les notations de ses personnels etc. Sur le terrain, il était le chef d'équipe au même titre que les autres chefs d'équipe sous-officier et "un peu attendu au tournant" par les anciens[16]. » De son camarade et adjoint Arnaud Beltrame, il se souvient : « Il débordait de volonté, de générosité, et de gentillesse. Il était d'une profonde bienveillance envers ses équipiers. Extrêmement travailleur, il bossait comme un fou furieux, autant au profit des EOP que pour le concours de l'EMIA. Volubile, exubérant, il pouvait être parfois fatigant, mais son sourire effaçait tout[17]. » Deux officiers du régiment soutiennent à fond les jeunes lieutenants :

---

16. *Témoignage du colonel François-Régis Legrier*, 26 mai 2018.
17. *Entretien téléphonique avec le colonel François-Régis Legrier*, 14 mai 2018.

> *Le capitaine Paulin, commandant la batterie des opérations, homme d'une très grande droiture, exigeant, sait nous éduquer, Beltrame et moi, et canaliser notre excès de fougue avec bienveillance. Il nous a beaucoup marqués et nous l'aimions beaucoup ; le capitaine Marie dit Marius, officier du bureau opérations et instruction, commandant le détachement de liaison et d'observation dans la profondeur pendant les exercices est passionné par les EOP. Il nous a appuyés dans toutes nos « exigences » pour nous obtenir du matériel et nous faciliter la vie, en plus d'une gentillesse incomparable*[18].

Ils sont pour Legrier et Beltrame des passeurs de flambeau.

À la petite troupe, Tom donne un style, une identité : bonnet commando et parka camouflé ; un insigne : un scorpion d'or sur fond noir ; et, comme aux membres du 1er RPIMa, un surnom pour chacun reprenant la première lettre de son nom de famille. Thomassin était « Tom », Legrier est « Léon », Beltrame sera « Bruno. » Ce surnom, choisi par Tom, n'est pas le fruit du hasard. Tout le monde chez les paras connaît l'indicatif « Bruno » : c'est celui du général Marcel Bigeard. Comme de nombreux bérets rouges, Tom révère Bigeard. Celui-ci, retiré à Toul, est un voisin du 8e RA : Commercy n'est qu'à trente kilomètres. Et puisqu'il faut passer le flambeau, qui de mieux que le héros de Diên Biên Phu et de la bataille d'Alger pour cela ? Tom présente Arnaud au général. Le sous-lieutenant évoque son grand-père

18. *Témoignage du colonel François-Régis Legrier*, 26 mai 2018.

parachutiste en Indochine. Fier et heureux de parler à la légende des bérets rouges. Il vit cette rencontre comme une forme d'adoubement tandis que Bigeard dédicace l'un de ses ouvrages au sous-lieutenant Beltrame « dont il sera fier un jour. »

Les mois suivants, à l'instigation d'Arnaud Beltrame, Bigeard vient deux fois au 8e RA. En septembre 1998, le vieux soldat est là pour fêter la Saint-Michel avec les paras du régiment. Sur les photos de l'époque, précédé du chef de corps le colonel Jean Ayasse, Bigeard est en grande tenue de général de corps d'armée, la poitrine barrée du cordon de grand-croix de la légion d'honneur et des rubans témoignant de ses vingt-huit citations et de ses cinq blessures pour la France. Derrière, un jeune « porte-serviette » impeccable dans sa tenue *Terre de France* encore vierge de toute décoration, le lieutenant Arnaud Beltrame (il a reçu son deuxième galon en janvier). Six mois plus tard, le 19 mars 1999, Bigeard préside encore les adieux aux armes de Tom dans une belle soirée réunissant les cadres du régiment. Toute sa vie, comme de nombreux jeunes de sa trempe, Arnaud Beltrame garde pour Bigeard une admiration sans borne. Le vieux soldat représente la figure tutélaire, l'idole, le modèle de plusieurs générations. Le 22 juin 2010, lors de la cérémonie en hommage au général Bigeard aux Invalides, Arnaud Beltrame, alors officier à la Garde républicaine, et Tom seront parmi les fidèles à accompagner le vieux soldat.

Cette même année 1999, avec quatre autres régiments, le 8e RA est contrôlé par la Commission nationale d'évaluation de l'artillerie (CNEA) à Draguignan et Canjuers[19]. Les EOP du régiment sont particulièrement observées. Les artilleurs commerciens sont confiants et ils ont raison de l'être car leurs efforts sont récompensés. La section EOP termine première devant le 35e RAP, ce qui ne rend pas peu fiers le chef de corps le colonel Jean-Luc Ayasse qui se souvient de cette époque et d'Arnaud Beltrame :

> *Par définition, la fonction d'EOP ne peut convenir qu'à des soldats résistants et endurants plus qu'en parfaite forme physique, parfaitement équilibrés psychiquement (la promiscuité dans les « trous » n'est pas facile à supporter) et dominant totalement le volet technique artillerie de leur fonction. Beltrame était l'archétype de l'EOP. Doté d'un charisme certain, Beltrame obtenait naturellement l'adhésion de ses subordonnés, l'amitié de ses pairs et l'estime de ses supérieurs ; cela peut paraître une formule passe-partout, mais c'est vraiment celle qui convient. Dès cette époque, il était évident que Beltrame était « un type brillant » (…)*
>
> *S'il était d'une grande rigueur dans le travail, il n'en était pas pour autant un triste sire. Il était un membre actif du club des lieutenants présidé par Legrier et savait dégager « dans les règles ». Nous avons, mon épouse et moi, des souvenirs précis de « visite inopinée » à la maison qui se terminait au champagne, ou d'une soirée de Sainte-Barbe (très écossaise) pendant laquelle il n'était pas le dernier*

19. Il y a alors seize régiments d'artillerie dans l'armée française. En 2018, il en subsiste une dizaine.

à mettre de l'ambiance. Lors de l'une de ces soirées, il a subtilisé discrètement un bibelot (une grenouille) de mon épouse que j'ai retrouvé le lendemain matin bien en évidence sur mon bureau au régiment. Ne sachant pas comment j'allais le prendre, il est venu me voir pour me dire qu'il était l'auteur de ce larcin. Nous en avons rigolé et pris le café ensemble[20].

La préparation du concours de l'EMIA

À Commercy, Arnaud Beltrame a retrouvé Éric Luzet, son « ancien » de Draguignan, du 35e RAP et du 8e RA. Alors qu'ils servent en section d'artillerie, les deux jeunes officiers sont très souvent appelés en manœuvres, formations et stages divers hors du régiment. Ils passent ainsi près de 120 jours par an à l'extérieur. Malgré ce rythme soutenu, avec quatre autres camarades du 8e RA, ils se lancent dans la préparation exigeante du concours de l'EMIA. D'emblée, Arnaud Beltrame se distingue par son sérieux et sa capacité de travail personnel. Exigeant avec lui-même, il motive les autres candidats en voulant vraiment tous les faire réussir. S'il est déjà une « bête de concours », ses camarades ne représentent pas pour lui des « ennemis » à éliminer, mais forment une équipe qu'il faut faire progresser ensemble. Cet état d'esprit est la marque particulière d'Arnaud Beltrame. Homme à l'énergie positive, fédérateur, il travaille pour le bien de tous, sans arrière-pensée

20. *Témoignage du colonel Jean-Luc Ayasse*, 16 mai 2018.

aucune. Plusieurs stages bloqués organisés par la division à Valdahon et à Metz permettent aux artilleurs de travailler plus efficacement. Éric Luzet se souvient :

> *On se réservait du temps pour préparer ensemble les épreuves sportives et de connaissances générales. Pour les épreuves sportives, il y avait plusieurs épreuves : 1 000 m en course à pied, un « biathlon » (marche-course en treillis, rangers, armement, sac à dos, suivi d'un tir au Famas dans la foulée du franchissement de la ligne d'arrivée), une épreuve de natation, une corde lisse (5 m) et un parcours d'obstacles en treillis-rangers pour finir. Donc on se retrouvait plusieurs fois par semaine pour s'entraîner ensemble, ce qui nous permettait de maintenir une émulation. Arnaud était déjà redoutable ! Ce qui nous motivait d'autant plus pour progresser.*
> *Pour les connaissances générales, je me suis inspiré de la méthode qu'Arnaud s'appliquait. À savoir de travailler à partir de fiches de connaissances. Ensuite, on s'interrogeait mutuellement pendant des heures. Pour les autres matières, plus académiques, on évoquait ensemble certaines difficultés, mais nous les travaillions séparément, sauf lors des périodes bloquées de préparation, pendant lesquelles, je n'hésitais pas à aller le voir pour m'aider ponctuellement… j'étais plus en retard qu'Arnaud sur les révisions*[21]*…*

21. *Témoignage du colonel de gendarmerie Éric Luzet*, 20 mai 2018.

Lors des périodes bloquées, le grand lieutenant d'artillerie fait forte impression aux autres candidats, se souvient le lieutenant-colonel Édouard Le Jariel des Chatelets aujourd'hui commandant de l'EMIA et alors jeune maréchal des logis de l'arme blindée cavalerie :

> *Arnaud diffusait une grande énergie, tant physique qu'intellectuelle. Je le voyais chaque fin de journée à Nancy, après une journée studieuse faite de révision, de travaux de groupe et d'oraux d'entraînement, faire une séance de sport intense. Une foulée aérienne et puissante, et des exercices de renforcement musculaires particulièrement rythmés. Je me suis dit que c'était un candidat sérieux. J'ai été rassuré lorsqu'il m'a dit qu'il était ORSA et que donc nous ne concourrions pas dans la même catégorie. Ouf! Il était d'une grande curiosité intellectuelle. Tout semblait l'intéresser. Et déjà il montrait cette qualité de ne rien vouloir laisser au hasard*[22].

À l'été 1999, les résultats tombent : trois officiers et un sous-officier du 8e RA sont reçus. Arnaud Beltrame est deuxième du concours officier et Éric Luzet finit sixième. « Nous étions heureux, en état de grâce absolue[23] ! » À la rentrée, c'est le départ pour la Bretagne. Arnaud retourne chez lui.

22. *Témoignage du lieutenant-colonel Édouard Le Jariel des Chatelets*, 21 juin 2018. En fait, le premier reçu ne rejoignant pas l'EMIA, Arnaud Beltrame devient major du concours de fait.
23. *Témoignage du colonel de gendarmerie Éric Luzet*, 20 mai 2018.

Le temps des écoles : EMIA et EOGN

> « De temps en temps, le drapeau qui se dressait au- dessus des têtes, agité au vent de la mitraille, sombrait dans la fumée. Alors une voix s'élevait, grave et fière, dominant la fusillade, les râles, les jurons des blessés : "Au drapeau, mes enfants, au drapeau !..." Aussitôt un officier s'élançait, vague comme une ombre dans ce brouillard rouge, et l'héroïque enseigne, redevenue vivante, planait encore au-dessus de la bataille[1]. »
>
> Alphonse DAUDET.

À l'École militaire interarmes et à l'École des officiers de la gendarmerie nationale, Arnaud Beltrame apprend deux métiers : celui d'officier et celui de gendarme. Dans l'un et l'autre cas, il se distingue par la qualité de son travail et sa capacité à fédérer les bonnes volontés : c'est la naissance d'un chef.

Major de l'EMIA

Arnaud Beltrame est désormais un élève-officier d'active (EOA). Il lui faut maintenant conserver son

1. « Le porte-drapeau », *Les contes du lundi*, A. Lemerre, Paris, 1880, p. 136.

rang et ne pas déchoir ; il y a en fait bien peu de risques ! C'est un « stâckâ, » comme l'on dit en argot d'école, en référence à Aleksei Stakhanov, héros de l'Union soviétique de l'époque stalinienne réputé pour avoir abattu avec deux camarades quatorze fois son quota de travail en 1935. Travailleur infatigable, il tient son rang de major pendant toute la scolarité à Coëtquidan. Ici, les années scolaires sont rythmées par les études académiques, les exercices pratiques, les stages et les cérémonies. Après quelques semaines, les élèves reçoivent leur képi, puis, en décembre 1999, leur sabre d'officier. Pour la première fois, ils revêtent le grand uniforme bleu armée porté depuis 1966 par les élèves-officiers de l'autre école de Coëtquidan. En juillet 2000, lors du triomphe des écoles, la promotion est baptisée *Campagne d'Italie* et les élèves chantent alors ses chants de tradition, *La prière*, *Sari Mares* et, pour la première fois, leur chant de promotion devant leurs parents et leurs parrains militaires[2]. La Garde, constituée des six meilleurs élèves, se voit solennellement remettre le drapeau de l'EMIA. C'est à Arnaud Beltrame, major de la promotion, qu'échoit l'insigne honneur de recevoir l'emblème dont la cravate s'orne des croix de guerre des théâtres d'opérations extérieures (TOE) et de 1939-1945, souvenirs des anciens[3]. Le lieutenant-colonel

2. *La prière* est le premier chant de l'EMIA. Le texte est tiré de *La prière du para* écrite par l'aspirant André Zirnheld, premier officier parachutiste français mort au combat en 1942, compagnon de la Libération, et la musique est *La Marche de la garde consulaire*. *Sari Mares* est un chant populaire de la guerre des Boers en Afrique du Sud à la fin du XIXe siècle.
3. Depuis 2011, le drapeau est décoré de la croix de la légion d'honneur remise pour le cinquantenaire de l'École.

Le Jariel des Chatelets, son camarade de promotion, explique :

> *Major et porte-drapeau sont des fonctions symboliques, mais essentielles. Le drapeau est le signe du ralliement dans l'enfer de la bataille. Mais aussi le symbole concret de ce pour quoi nous voulions servir notre Patrie comme officier. Ses plis conservent la mémoire de tous les officiers de recrutement semi-direct qui nous ont précédés et sont tombés pour la France, sa défense et sa liberté. Face au vertigineux de ce morceau d'étoffe, Arnaud restait d'une grande humilité. Son regard était toujours posé sur ces trois couleurs desquelles sans doute il tirait sa foi et sa vocation*[4].

Fidèle à lui-même et à sa vocation d'officier français, Arnaud Beltrame s'affirme encore et toujours comme un élève travailleur, déterminé et opiniâtre. « Déterminé parce qu'Arnaud est un battant. Pour lui, seule la victoire est belle. Il s'engage pour gagner, pour réussir. À l'image des entraînements de boxe, il porte ses coups pour gagner. Opiniâtre, parce que la victoire, il

---

4. *Témoignage du lieutenant-colonel Édouard Le Jariel des Chatelets*, 21 juin 2018. Dans la garde au drapeau de la promotion *Campagne d'Italie*, un autre officier trouve une mort tragique quelques semaines avant l'attentat de Trèbes : le lieutenant-colonel Stéphane Chaon lors de l'accident impliquant deux hélicoptères Gazelles de l'aviation légère de l'armée de terre (ALAT) le 2 février 2018 dans le Var, qui a coûté la vie à cinq officiers. Depuis plusieurs années, les noms des membres de la garde au drapeau sont gravés au revers du baudrier de cuir qui soutient l'emblème. C'est ce même baudrier, portant les noms d'Arnaud Beltrame et de Stéphane Chaon, qui a été utilisé lors du défilé de l'EMIA sur les Champs-Élysées le 14 juillet 2018.

va la chercher coûte que coûte[5]. » Honnête et droit, il condamne la tricherie, présente aussi dans les écoles militaires, comme une véritable abjection. Un autre camarade complète ce portrait :

> *À l'école, il était sérieux sans se prendre au sérieux, volontiers « potache » quand l'occasion se présentait. Il n'était pas le dernier pour tromper la « strasse » (le commandement), comme quand il s'agissait de rejoindre nos compagnes alors que nous étions bloqués à l'école le soir ou pour se faire livrer des pizzas lors de manœuvres en camp*[6] *! En sus de son excellence dans le domaine académique (« la pompe »), il est véritablement heureux sur le terrain, en manœuvre, en stage : « le mili (formation militaire), c'est la vraie vie ! » aime-t-il répéter.*

Lors des stages, Arnaud Beltrame donne toujours le meilleur de lui-même et se classe dans les premiers. En cours de première année, les élèves partent à Pau passer le brevet parachutiste. Ceux qui l'ont déjà passé, comme Arnaud Beltrame et son ami Éric Luzet, partent à Barcelonnette (Alpes de Haute-Provence) pour suivre le stage d'aguerrissement en montagne au Centre d'instruction et d'entraînement au combat en montagne (CIECM). Le stage est difficile, mais Arnaud Beltrame est dans son élément. Il aime l'effort, c'est un rustique. La montagne comble sa soif de dépassement de soi et

5. *Ibid.*
6. *Témoignage du colonel de gendarmerie Éric Luzet,* 20 juillet 2018.

de recherche de beauté. Il est pleinement heureux au sommet des cimes. Un autre stage bien plus physique et éprouvant attend les élèves-officiers : le stage commando à Collioure et à Mont-louis (Pyrénées-Orientales) au Centre national d'entraînement commando (CNEC). Tombé sur « un chef de section extrêmement dur » qui a découragé un bon nombre de stagiaires, Arnaud Beltrame s'est accroché, s'est investi et a été particulièrement fier au bout d'un mois de se voir attribuer le brevet de moniteur commando marqué de l'aigle et de l'insigne du 1er bataillon de choc dont le CNEC est l'héritier.

Ce qui surprend toujours ses pairs, comme à Draguignan Tarbes ou Commercy, et plus tard dans la suite de sa vie militaire et civile, c'est la bienveillance dont il fait preuve avec les autres. Son éternel sourire aux lèvres, il motive, il fédère, il dynamise, il est le bon camarade qui ponctue toutes ses discussions d'un « Eh les copains !… » sorte de formule d'appel au groupe. Dans les virées d'élèves, il sait aussi rigoler et jouer le boute-en-train même si sa faconde intarissable en fatigue certains. Curieux de tout, il est avide de savoir. Humble, il ne juge pas, mais cherche à approfondir, à comprendre, à obtenir des réponses à ses innombrables questions. Avec cinq ou six camarades plus proches, les discussions sont passionnées et interminables sur la vocation d'officier, la patrie, l'armée, le monde comme il va, la religion, le sacré, la chevalerie. Ce dernier point est sans doute celui qui lui tient le plus à cœur et pour lui, la chose est entendue : les officiers sont les derniers chevaliers, ceux qui servent avec désintéressement une cause qui les dépasse et les élève pour la défense de la France et des plus faibles. À l'époque, il adopte la devise des parachutistes coloniaux héritée des bataillons SAS de la deuxième guerre mondiale : « Qui ose gagne ! » Cette devise le guide toute sa vie, lui donnant du ressort dans les moments de doute et de découragement, de l'ardeur et de la volonté dans les épreuves et les compétitions.

Membre de droit du bureau de promotion, car toujours major en fin de première année, il participe activement à toutes les manifestations auxquelles la promotion est associée. Il est aussi l'un des principaux interlocuteurs des cadres de l'École et doit souvent composer entre les directives du commandement et la fougue de ses jeunes camarades.

En début de deuxième année, la promotion part en voyage d'étude en Grèce et Italie sur les traces du corps expéditionnaire français en Italie (CEFI) qui avait combattu dans la péninsule en 1943-1944. En septembre 2000, la promotion embarque pour l'Italie. Le voyage est épique : le car est d'un confort très relatif et les lieux de couchage spartiates dans des emprises militaires délabrées. Mais qu'importe, ils sont jeunes, beaux et ont l'avenir devant eux, ces officiers de France ! Pour toute la promotion *Campagne d'Italie*, c'est un moment de cohésion très fort que de marcher sur les traces de leurs anciens de l'armée d'Afrique qui, sous le commandement du général Juin, partirent, parmi les premiers à l'assaut de la forteresse Europe. À cette occasion, un ancien du CEFI, le chef de bataillon de La Contrie, accompagne la promotion et leur conte « sa » campagne d'Italie sur les lieux mêmes des combats. « L'un des souvenirs les plus marquants de ce voyage a été l'ascension du Monte Majo au cours de laquelle nous avons marqué un arrêt pour l'écouter religieusement nous raconter la prise de ce site par le CEFI. C'est au sommet qu'a été prise la photo de la garde au drapeau », se souvient un ancien de la promotion[7]. Pour Arnaud Beltrame, Français d'origine italienne, c'est aussi un retour sur la terre de ses ancêtres partis de la péninsule vers l'Hexagone il y a plus d'un siècle. Lors de plusieurs cérémonies commémoratives, en grand uniforme, la promotion salue les morts : au sommet du Monte Majo pris par la 2e division d'infanterie marocaine en avril 1944, au cimetière de Venafro où reposent plus de 4500 soldats français, dans les rues de Rome où les divisions de Juin et Monsabert ont défilé ici même cinquante-cinq ans auparavant. À chaque fois, Arnaud Beltrame porte le drapeau, son drapeau. Sur les photos de l'époque, il le fixe de ses yeux clairs et semble le garder au premier sens du terme. En regardant l'officier de l'an 2000, l'on ne peut s'empêcher de songer aux lignes de cette nouvelle déjà ancienne d'Alphonse Daudet dans les *Contes du lundi* : « Le porte-drapeau ».

7. *Message Internet* du chef d'escadron Philippe Morel d'Arleux, 16 juillet 2018 qui ajoute : « Nous en sommes redescendus en traversant le village au pied de cette colline en marchant au pas et en chantant. (ce qui n'a d'ailleurs pas été du goût de tous les habitants…). Les jeunes élèves-officiers français de l'an 2000 ne pouvaient savoir que la prise du Monte Majo s'était également accompagnée d'exactions et de crimes de guerre perpétrés par les troupes marocaines. Sans doute, des témoins de l'époque ne gardaient-ils pas les mêmes souvenirs glorieux que ceux de l'armée française.

Vous n'avez jamais vu d'homme si heureux qu'Hornus les jours de bataille, lorsqu'il tenait sa hampe à deux mains, bien affermie dans son étui de cuir. Il ne parlait pas, il ne bougeait pas. Sérieux comme un prêtre, on aurait dit qu'il tenait quelque chose de sacré. Toute sa vie, toute sa force étaient dans ses doigts crispés autour de ce beau haillon doré sur lequel se ruaient les balles, et dans ses yeux pleins de défi qui regardaient les Prussiens bien en face, d'un air de dire : « Essayez donc de venir me le prendre[8] *!... »*

Car il y a du Hornus de 1870 dans le Beltrame porte-drapeau de l'EMIA. Pendant ces deux années, Arnaud Beltrame a excellé. Il est resté le meilleur des meilleurs. Avec Éric Luzet, leur rang respectif de sortie leur permet de choisir de servir dans la gendarmerie avec huit autres camarades. Lors de l'amphi de choix de l'arme, le colonel Subret, commandant du cours supérieur de l'École des officiers de la gendarmerie nationale, est venu les rencontrer afin de leur présenter ce nouveau métier. Le dernier jour de leur présence à Coëtquidan, les officiers de la promotion *Campagne d'Italie* revêtent leur nouvelle tenue Terre de France avec les attributs d'arme : infanterie, cavalerie, génie, matériel, transmissions, train... En bleu, les gendarmes se distinguent de leurs camarades : « À nos yeux, nous qui choisissions une des armes de l'armée de terre, les gendarmes devenaient d'autres officiers. Or, pour Arnaud, c'est apparu,

8. « Le porte-drapeau », *Les contes du lundi*, A. Lemerre, Paris, 1880, p. 138.

a posteriori, comme un choix naturel en parfaite cohérence avec son caractère et sa volonté farouche de servir l'intérêt général[9]. » Le 1er août 2001, Arnaud Beltrame est nommé lieutenant de gendarmerie.

L'École des officiers de la gendarmerie nationale (EOGN)

Après un mois de permission, Arnaud Beltrame et ses camarades arrivent à l'EOGN à Melun à la rentrée 2001. Là, avec d'autres officiers issus des autres grandes écoles militaires, les lieutenants intègrent une promotion de 250 élèves qui ont déjà un ou deux ans de vie en commun selon les cursus. Elle a pour nom de baptême *Capitaine Gauvenet*, du nom d'un saint-cyrien officier de prévôté, tombé au Chemin des Dames en mai 1917.

Ce sont de nouveau les cours sur le banc des amphithéâtres à la découverte de nouvelles matières : police administrative, police judiciaire, organisation de la gendarmerie, missions de la gendarmerie, gestion de l'ordre public, sécurité routière, transmissions et communications, ressources humaines. Dans le cours de l'année, ils passent un diplôme universitaire de droit et de sciences criminelles, et obtiennent la qualification d'officiers de police judiciaire (OPJ) à l'issue de la scolarité. De nombreux stages ponctuent la formation :

9. *Témoignage du lieutenant-colonel Édouard Le Jariel des Chatelets,* 21 juin 2018.

« maintien de l'ordre » au Centre national d'entraînement des forces de gendarmerie (CNFEG) à Saint-Astier (Dordogne) et « ordre public en milieu rural » à La Courtine (Creuse). Éric Luzet raconte : « À tour de rôle, les officiers-élèves occupaient les fonctions de commandant de peloton ou de commandant d'escadron de gendarmerie mobile. C'était génial de se confronter aux réalités du maintien de l'ordre (bruit, coups, gaz lacry…). Tout y était ! Ambiance et action[10] ! » D'autres stages conduisent les officiers-élèves dans un tribunal de grande instance (TGI) afin de comprendre les rouages du fonctionnement de l'institution judiciaire, et à l'ENA à Strasbourg sur les questions de police européenne. L'ouverture à l'international se traduit par l'accueil de vingt-cinq officiers étrangers venus d'Afrique, d'Europe, du Moyen-Orient et d'Amérique du Sud tandis que les Français partent en stage à l'étranger dans une autre gendarmerie : *Guardia civil* espagnole, *Carabinieri* italiens, Garde nationale républicaine portugaise. Ces échanges sont très enrichissants pour tous. En fin d'année, après le choix d'affectation, c'est-à-dire fin juin début juillet, les officiers partent pour un stage « découverte Premier emploi » dans une unité similaire à celle de l'affectation future. Pendant deux semaines, cet ultime stage leur permet d'appréhender leur nouveau métier d'officier de gendarmerie.

Une fois encore, Arnaud Beltrame se distingue par ses excellents résultats et sort major de la promotion. Sa formation et ses goûts le conduisent vers la gendarmerie mobile, la plus militaire des dominantes de l'arme.

10. *Témoignage du colonel Éric Luzet,* 21 juillet 2018.

Entre-temps, en 2001, Arnaud Beltrame a épousé l'une de ses amies d'enfance, Anne-Gaëlle, brillante fonctionnaires des douanes. Accaparés tous les deux par des métiers très prenants, le couple ne résiste pas aux séparations de l'un et de l'autre, et c'est Arnaud qui demandera le divorce six ans plus tard.

« Pour la patrie, l'honneur et le droit » (devise de la gendarmerie)

« Le gendarme est héritier direct des ordres de chevalerie nés au XIIe siècle. Les chevaliers disaient : "Mourir pour la foi et défendre les faibles." Le gendarme dit : "Mourir pour la loi et défendre la justice"[1] ! »

Général Joachim AMBERT.

En huit ans, Arnaud Beltrame connaît trois affectations dans trois unités différentes de la gendarmerie nationale : la gendarmerie mobile, l'escadron parachutiste de la gendarmerie nationale (EPIGN) et la Garde républicaine. Chaque fois, le jeune officier détonne par son enthousiasme et son rapport aux autres.

Lieutenant de gendarmerie mobile

La gendarmerie mobile (la « jaune » en raison de la couleur or de ses galons) est l'une des deux subdivisions de la gendarmerie nationale, l'autre étant la gendarmerie départementale (la « blanche » qui arbore des galons argent.). Avec près de 13 500 personnels, la gendarmerie mobile est un acteur essentiel de l'engagement opérationnel

1. Général Joachim Ambert, *Gendarme*, Paris, Lavauzelle, 1852 (1re édition), p. 8.

de l'institution. Outre ses missions fondamentales de maintien et de rétablissement de l'ordre, elle agit en appui de la gendarmerie départementale, en métropole comme outre-mer.

À sa sortie de l'EOGN, le lieutenant Arnaud Beltrame est affecté à l'escadron 16/1 du groupement blindé de gendarmerie mobile (GBGM) basé à Satory sur les hauteurs de Versailles[2]. Avant d'exercer sa fonction d'officier de gendarmerie, il prête le serment du gendarme au tribunal de grande instance de Versailles : « Je jure d'obéir à mes chefs en tout ce qui concerne le service auquel je suis appelé, et dans l'exercice de mes fonctions, de ne faire usage de la force qui m'est confiée que pour le maintien de l'ordre et l'exécution des lois. » Ce serment, simple et clair, l'officier le fait sien, absolument. « Sa politique, c'était la patrie et la loi », résume son frère Damien Beltrame[3].

Nommé commandant de peloton, le lieutenant Beltrame s'investit à fond pour ses hommes. Ce n'est pas son premier commandement : il a déjà commandé des appelés et des militaires de carrière au 35e RAP et au 8e RA. Mais il a désormais davantage d'expérience même s'il n'a que 29 ans. Son commandant d'unité de l'époque, le capitaine David Flotat, lui-même issu de l'EMIA, se souvient parfaitement de l'arrivée d'Arnaud Beltrame à l'escadron : « Arnaud a d'emblée montré une très grande qualité d'écoute, pas seulement avec ses hommes, mais aussi avec ses adjoints et gradés

2. Un escadron est articulé généralement en 5 pelotons (un peloton hors rang, un peloton d'intervention et 3 pelotons de marche).
3. *Entretien avec Damien Beltrame*, Maisons-Alfort, 3 mai 2018.

d'encadrement auprès de qui il allait sans cesse rechercher conseil et ce, en toute humilité malgré ses compétences déjà conséquentes. (...) Arnaud était également franc et loyal. Jamais je ne l'ai entendu critiquer la moindre personne, au contraire il trouvait toujours le meilleur en chacun de ses hommes. Enfin c'était un officier simple, non au sens péjoratif, mais qui savait se mettre à la portée de tous sans verbiage[4]. »

Au moment où Arnaud Beltrame intègre l'escadron 16/1, celui-ci a été désigné pour le tour outremer en Nouvelle-Calédonie. Bonne pioche pour une première affectation ! Parti au début du mois d'octobre 2002 pour une mission de quatre mois, l'escadron est basé à La Tontouta, en mesure d'agir au profit du commandement de la gendarmerie de l'île. Pendant ce séjour, Arnaud Beltrame fait donc la connaissance des gendarmes que pour la première fois il commande. Les semaines sont bien remplies par les exercices (maintien de l'ordre, hélitreuillage), l'entretien des véhicules, de l'armement, de l'équipement et le sport. Le lieutenant apprend son nouveau métier sur le tas, dans un cadre paradisiaque, même s'il ne peut s'empêcher de songer, comme ses camarades, aux événements dramatiques qui ont endeuillé l'île moins de quinze ans auparavant : la prise d'otages de la gendarmerie de Fayaoué sur l'île d'Ouvéa (avril-mai 1988) par les indépendantistes et la mort de plusieurs militaires et kanaks.

Mais Arnaud Beltrame a depuis un certain temps une autre idée derrière la tête, celle d'intégrer au plus vite l'escadron parachutiste d'intervention de la gendarmerie

4. *Témoignage du lieutenant-colonel David Flotat,* 23 juillet 2018.

nationale (EPIGN), cette unité même qui s'est illustrée avec d'autres dans l'assaut de la grotte d'Ouvéa. Pour lui, toujours autant attaché aux parachutistes, cette troupe d'élite symbolise la « militarité » par excellence du gendarme. Honnête avec son chef, il s'en ouvre à lui avant le départ en Nouvelle-Calédonie, car les tests de sélection doivent se dérouler la dernière semaine du séjour. « Arnaud m'a tout de suite indiqué que la mission primait et qu'il tenterait les tests l'année suivante si ce n'était pas possible cette fois. Bien entendu j'ai immédiatement demandé une dérogation pour qu'il puisse rentrer quinze jours plus tôt, ce qui fut accepté », se souvient le commandant d'unité[5].

En Nouvelle-Calédonie, encouragé par son chef, « il apparaît comme un jeune lieutenant très investi pour son peloton sans pour autant délaisser son entraînement à la préparation des tests à l'EPIGN[6] ». De retour en France en janvier 2003, Arnaud Beltrame se présente à Satory afin de subir les tests de présélection de la prestigieuse unité.

L'EPIGN

Un camarade d'Arnaud de cette époque, Thierry Aldebert, a raconté dans le journal *La Provence* cette période de leur vie[7] :

---

5. *Ibid.*
6. *Entretien téléphonique avec le gendarme Christophe Visser-Lefèvre*, 18 juillet 2018.
7. Alexandre JACQUIN, « Le directeur de la sécurité de l'OM : "Arnaud Beltrame était toujours extrêmement positif" », *La Provence*, édition de Marseille, 29 mars 2018. Saint-Cyrien de la promotion *Général*

Nous passions les tests pour entrer dans les forces spéciales (...) Au départ, nous étions 200. Puis, nous nous sommes retrouvés à 40 pour le stage probatoire de trois mois, que l'on qualifie d'« enfer sur terre ». Un écrémage se faisait ensuite chaque semaine : soit le candidat abandonnait, ce qui était souvent le cas parce que c'était trop dur, soit il se blessait, soit les instructeurs estimaient qu'il n'était pas apte à poursuivre. » « C'était axé sur le dépassement de soi et l'esprit de groupe. On nous poussait dans nos retranchements pour voir ce qu'on avait dans le ventre puisqu'on simulait des situations de prise d'otages ou d'assaut contre une ambassade à l'étranger. Malgré les privations de sommeil, de nourriture, les brimades, les exercices harassants à n'importe quelle heure du jour et de la nuit, Arnaud avait toujours cette petite étincelle et cette énergie vitale qui faisaient qu'il reprenait le dessus de manière humoristique, avec le sourire. Et pourtant, il serrait les dents. On a partagé les mêmes étangs à sept degrés, les mêmes nuits agitées, les mêmes séances de sports de combat, les mêmes difficultés...

À la fin de la période probatoire de trois mois, sept hommes seulement sur les 200 du début sont retenus parmi lesquels deux officiers, Arnaud Beltrame et Thierry Aldebert. Ceux-ci sont donc affectés au groupement de

---

Lalande, ancien de l'EPIGN et du GIGN, le lieutenant-colonel (er) Aldebert est depuis 2017 directeur de l'organisation, de la sûreté et de la sécurité de l'Olympique de Marseille.

sécurité et d'intervention de la gendarmerie nationale (GSIGN) dont dépendent à l'époque le groupe d'intervention de la gendarmerie nationale (GIGN), l'escadron parachutiste d'intervention de la gendarmerie nationale (EPIGN), le groupe de sécurité de la présidence de la République (GSPR) et le groupe d'instruction et de sécurité des Activités (GISA). Ils sont nommés chefs de section. « À partir de l'été, continue Thierry Aldebert, on a enchaîné tous les stages ensemble : formation à la protection rapprochée, conduite rapide, plongée, moto, montagne… (…) Je garde l'image de son sourire, très communicatif : il symbolise son caractère. Il était toujours extrêmement positif, croquait la vie à pleines dents, profitait des bons moments et ne se laissait pas abattre par les difficultés. » Le général Lionel Lavergne, alors commandant l'EPIGN, se souvient d'Arnaud Beltrame comme « d'un officier très rigoureux et très exigeant[8]. » Il prend le commandement d'une section sécurité protection.

Avant de partir en mission extérieure, Arnaud Beltrame reste deux ans à Satory pour prendre la mesure des hommes et des missions pour lesquels il doit maintenir le niveau opérationnel. Pourtant, son commandement ne se passe pas toujours bien. Il est toujours difficile pour un jeune officier des unités spéciales issu des écoles, même parmi les meilleurs, de s'imposer dans ce genre d'unité. Les sous-officiers font bloc et il faut « trouver le bon tempo, faire preuve continuellement

8. *Entretien téléphonique avec le général de brigade de gendarmerie Lionel Lavergne*, 27 juillet 2018. Le général Lavergne commande actuellement le GSPR.

de discernement au risque de voir s'étioler la confiance entre le groupe et le chef », explique le général Lavergne, qui continue : « si la confiance se perd, le groupe devient une meute pour nuire au cadre dont ils ne veulent plus, c'est une traînée de poudre que l'on ne peut arrêter[9]. » Au printemps 2005, Arnaud Beltrame est volontaire pour passer le brevet de chuteur opérationnel qui donne la qualification à ses titulaires d'effectuer des sauts à très haute altitude avec une ouverture retardée. Toujours, Arnaud Beltrame repousse les limites. Toujours, il fait de son mieux. Lors de la cérémonie de remise des brevets, c'est son grand ami Tom qui a l'immense fierté de lui épingler sur la poitrine le parachute ailé d'or aux cinq étoiles bleues. Quelques semaines plus tard, son unité est désignée pour partir en Irak au service de la protection de l'ambassade de France.

Bagdad

En 2005, l'Irak est en plein chaos. Depuis l'invasion de mars 2003 par la coalition menée par les États-Unis sous le prétexte de l'anéantissement des armes de destruction massive du régime, le pays est l'enjeu de factions rivales (chiites, sunnites, kurdes, baasistes, islamistes, groupes mafieux) et les attentats sont quotidiens dans les grandes villes du pays contre les forces occidentales, les dignitaires et la population civile. Les Américains mettent le pays en coupes réglées et le scandale de la prison d'Abou Ghraib (2003-2004) a

9. *Ibid.*

définitivement jeté l'opprobre sur les pseudo-libérateurs pour de très nombreux musulmans. La France s'est tenue en retrait de cette opération militaire, mais ses ressortissants n'en sont pas moins menacés en raison de la loi de 2004 sur les signes religieux dans les écoles publiques. En août 2004, les journalistes Georges Malbrunot et Christian Chesnot sont enlevés et emprisonnés cent vingt-quatre jours ; en janvier 2005, c'est au tour de leur consœur de *Libération,* Françoise Aubenas, et de son chauffeur d'être enlevés à Bagdad ; celui-ci est libéré en juin. À cette époque, il y a en moyenne entre quarante et soixante attentats par jour. Bref, la situation est singulièrement dégradée.

Quand Arnaud Beltrame et ses gendarmes arrivent à Bagdad le 17 juillet 2005, c'est pour relever l'équipe de son camarade Thierry Aldebert terminant sa mission. Celle-ci consiste en la protection de la représentation diplomatique et consulaire française en Irak et particulièrement de l'ambassadeur Bernard Bajolet. Sur place, il coordonne en particulier les déplacements de diplomates : « la consigne que je donnais à mes gendarmes, c'est de ne me jamais se laisser prendre vivants et je leur conseillais à eux aussi de ne pas se laisser prendre vivants, déclare l'ambassadeur Bajolet. (...) S'agissant d'Arnaud Beltrame, je n'avais aucun doute ; c'est quelqu'un qui aurait combattu jusqu'au dernier moment. C'est quelqu'un qui avait un sens très élevé du devoir. Il m'a fait comprendre qu'il était prêt à aller jusqu'au bout de sa mission[10]. »

10. Bernard Bajolet, « Arnaud Beltrame, le sens du devoir », *Envoyé spécial*, 29 mars 2018.

Peu après son arrivée, Arnaud Beltrame est nommé capitaine et la promotion est fêtée comme il se doit dans les locaux sécurisés de l'ambassade. Dans ses carnets, l'ambassadeur Bajolet note : « le nouveau capitaine me dit son enthousiasme et son sens du sacrifice. Ces mots-là ne sont pas anodins (...) il était prêt déjà à sacrifier sa vie[11] ». Le capitaine Beltrame poursuit sa mission sans faiblir malgré les difficultés. Début septembre, l'ambassade est prévenue des dangers menaçant une militante pacifiste française isolée à l'hôtel Palestine, en plein cœur de la capitale irakienne. Bravant les dangers, les gendarmes de l'EPIGN, sous le commandement de leur chef, parviennent à l'exfiltrer vers un lieu sûr. La récompense de cette action d'éclat se matérialisera deux ans plus tard par l'attribution d'une citation à l'ordre de la Brigade comportant l'attribution de la croix de la Valeur militaire avec étoile de bronze pour le motif suivant :

> *Officier, chef du détachement de gendarmerie chargé de la protection des agents diplomatiques et consulaires français, a fait preuve de très belles qualités militaires. Engagé en Irak du 17 juillet au 8 octobre 2005, dans un contexte d'insécurité aggravé et face à des groupes armés menant quotidiennement des actions terroristes violentes, a activement contribué à la sécurité des membres de la mission diplomatique française. Le 5 septembre 2005, à Bagdad, il s'est particulièrement distingué en conduisant, au péril de sa vie, une délicate*

11. Bernard Bajolet, *ibid.*

mission de récupération d'une ressortissante française menacée d'enlèvement par un groupe terroriste. A mené de délicates négociations avec des gardes irakiens armés et hostiles, afin d'apaiser la situation et d'éviter une fusillade. Par son courage, sa détermination et son sang-froid, mérite d'être cité en exemple[12].

Le 15 mai 2006 il reçoit en outre la médaille d'honneur des Affaires étrangères échelon argent, à titre exceptionnel, « en reconnaissance des actes de courage et dévouement rendus à la France ». Malgré ces récompenses, l'officier est un peu amer en rentrant en métropole à l'issue de la mission. Les relations avec certains sous-officiers n'ont pas été très bonnes et son moral s'en ressent. À l'été 2006, après trois ans, il quitte l'EPIGN et rejoint la Garde républicaine.

La Garde

Affecté à la caserne Rathelot de Nanterre (Hauts-de-Seine), le jeune capitaine (33 ans) prend le commandement de la 1re compagnie de sécurité et d'honneur du 1er régiment d'infanterie de la Garde républicaine le 1er août 2006[13]. Il a autorité sur 125 hommes et femmes en quatre sections de marche et un groupe de commandement. C'est une belle responsabilité

12. Éléments communiqués par la DPMGN.
13. Le lieutenant Rathelot, de la garde municipale de Paris, tombe lors de la campagne à Alcolea en 1808.

pour un officier. Sa mission : la sécurité des résidences présidentielles, dont le palais de l'Élysée, et l'exécution des cérémonies au profit de la présidence de la République. Après ces trois années intenses au sein de l'EPIGN et sa mission dangereuse en Irak, le changement est sans doute brutal pour Arnaud Beltrame. De la discrétion absolue exigée au sein d'une unité spéciale, le jeune capitaine se retrouve en pleine lumière au sein d'un régiment garant du prestige militaire de la France. Terminées la tenue de combat noire, les armes les plus sophistiquées et les missions secrètes ; désormais, Arnaud Beltrame porte beau la grande tenue de service avec aiguillette, épaulettes frangées d'or, schako à plumet écarlate et sabre. Mais les gardes sont des gendarmes avant tout et non des soldats d'opérette. Et s'ils savent rendre les honneurs, ils sont également des militaires garants de la sécurité des grands personnages de l'État. Chaque militaire sait qu'il n'y a pas de grande ou de petite mission, mais qu'il y a LA mission qui, quelle que soit son importance perçue, doit être menée à bien et à son terme. Que ce soit donc ici à la Garde ou auparavant en gendarmerie mobile ou à l'EPIGN, le capitaine Beltrame s'acquitte parfaitement de sa mission avec compétence et professionnalisme.

Avec ses hommes, il confirme ses capacités de commandement et marque durablement les gardes de sa compagnie. L'adjudant-chef Jean-Jacques Siegwart est pendant quatre années son adjudant d'unité et, à ce titre, travaille avec lui quotidiennement :

C'est un chef perfectionniste, exigeant avec lui-même et avec les autres qui n'accepte pas l'échec et tire ses hommes vers le haut. Chez lui, pas de place pour la fainéantise ou la nonchalance. D'ailleurs, il apparaît beaucoup plus militaire que gendarme ; il a la militarité dans le sang. Toujours « à fond », il ne prend que rarement ses permissions. C'est aussi un chef qui décide, même s'il lui arrive parfois de décider trop rapidement, en manquant de recul, à l'instinct. Qu'on l'aime ou pas, car il peut parfois être fatigant, il ne laisse personne indifférent[14].

Peut-être cependant à cette époque ne respecte-t-il pas suffisamment le principe de subsidiarité en voulant souvent tout faire tout seul. Son adjudant de compagnie raconte : « J'avais désigné à sa demande un militaire pour préparer un déplacement (feuilles de route, horaires, contact…). Ce militaire avait très bien fait son travail et lors de la présentation du dossier au capitaine Beltrame, celui-ci ne le trouvait pas assez bien et incomplet ! Du coup, il l'a refait lui-même. C'était souvent ainsi et l'un de ces adages favoris était "il faut tout faire soi-même ici". » Ce genre d'attitude pouvait être considérée par les subordonnés comme un manque de confiance.

Toutefois, il se veut très proche de ses gardes. Il les pousse vers l'excellence et les incite à suivre des stages et des formations, mais avec obligation de réussite sinon

14. *Entretien téléphonique avec l'adjudant-chef Jean-Jacques Siegwart,* 16 août 2018.

le recadrage peut être violent. Quand il reçoit un jeune garde, la première question est toujours la même : « Quel est votre temps à la marche commando ? » Dans tous les cas, il invite le gendarme à faire encore mieux. Une année, il s'avise de recycler toute la compagnie au maintien de l'ordre au Centre national d'entraînement des forces de gendarmerie (CNEFG) de Saint-Astier (Dordogne). Certains sous-officiers anciens à deux doigts de la retraite grognent un peu contre leur capitaine hyperactif, mais ils suivent quand même comme la Vieille Garde de l'Empire. Pendant quinze jours, avec des escadrons de gendarmerie mobile dont c'est le cœur de métier, la compagnie Beltrame participe activement à tous les exercices dans les conditions du réel. Quand les grenades lacrymogènes explosent, les yeux de certains piquent au propre comme au figuré. Mais Arnaud Beltrame se révèle encore un chef exceptionnel qui finit par classer sa compagnie première du stage devant les escadrons de gendarmerie mobile. Autant dire que de retour à Nanterre, il s'arrange pour vaporiser la bonne nouvelle au plus grand nombre ! Pour encore mieux connaître sa compagnie, tous les vendredis matin, il convie les chefs de section, l'adjudant d'unité et le chef secrétaire à une réunion interservices pour faire le point des activités, préparer la semaine qui vient et faire le bilan moral régulier des personnels. Au début un peu réticents face à cette innovation, les cadres de la compagnie apprécient vite ce temps d'écoute et de partage de l'expérience qui dévie souvent sur des sujets étrangers au service et favorise grandement la communication.

Malgré sa fougue, le capitaine sait aussi écouter les conseils des anciens et, malgré son jeune âge, être présent quand un homme a besoin de parler en cas de difficultés professionnelles ou d'ordre privé. « Je me souviens qu'avec un de nos camarades en détresse, qui avait de gros soucis personnels, il n'avait pas hésité à passer une nuit complète à le soutenir. Il l'avait beaucoup aidé, comme il a dû en aider d'autres. Ils avaient d'ailleurs sympathisé au point de partir en vacances ensemble », témoigne l'adjudant-chef Siegwart[15]. Arnaud Beltrame traverse lui-même une passe difficile, car il vient de demander le divorce d'avec son épouse. À Nanterre, Damien Beltrame est très présent à ce moment pour soutenir son grand frère : ensemble, ils passent les quelques soirées libres qu'Arnaud se réserve à regarder des films de guerre, à écouter des concerts de hard-rock et s'initient au krav-maga, cette méthode d'autodéfense israélienne en vogue dans de nombreuses forces de sécurité. C'est à cette époque également qu'il se convertit au catholicisme et est initié à la franc-maçonnerie.

Pendant son affectation à la Garde, le capitaine Beltrame assure aussi une importante mission de communication. En effet, la ville de Maisons-Laffitte (Yvelines) est la marraine du 1er régiment d'infanterie de la Garde et à ce titre entretient des relations privilégiées avec les gendarmes de la caserne Rathelot. Ainsi de nombreuses cérémonies se déroulent-elles dans le parc du château de Maisons. C'est sur l'esplanade du château qu'Arnaud Beltrame reçoit le fanion de sa compagnie

15. Julien Duffé, « Arnaud Beltrame, tué à Trèbes : "Une fin qui correspond à l'homme qu'il était" », *Le Parisien*, 26 mars 2018.

en 2006 et qu'il est décoré de la valeur militaire l'année suivante. En contact étroit avec la mairie, il facilite les liens armées-nations en permettant aux enfants des écoles de découvrir les métiers de la gendarmerie dans ses casernes. Là encore, il laisse le souvenir d'un officier à l'écoute et dynamique.

À la fin de ces quatre années parisiennes, par le décret du 27 avril 2010, pour prendre rang au 1er janvier 2010, le capitaine Beltrame est nommé chef d'escadron de gendarmerie. L'année précédente, il a été décoré de la médaille d'or de la Défense nationale. Le 31 juillet 2010, il rend son fanion de compagnie et quitte officiellement son commandement à la Garde républicaine.

Commandant de compagnie dans le Sud-Manche

« Aux officiers (...), qu'il soit demandé, avant tout, d'être des convaincus et des persuasifs, osons dire le mot, des apôtres doués au haut plus point de la faculté d'allumer le "feu sacré" dans les jeunes âmes[1]. »
Maréchal Hubert LYAUTEY.

Lorsqu'il arrive en Normandie à l'été 2010, le chef d'escadron Arnaud Beltrame a 37 ans et quinze ans d'armée derrière lui, mais c'est la première fois qu'il sert en gendarmerie départementale. Après quatre années de vie parisienne, de protocoles et de prises d'armes, il est ravi de retrouver le terrain et un nouveau métier. Et puis, il n'est pas très loin de Trédion, à peine 200 km. Ces quatre ans de commandement de compagnie en Normandie sont pour lui déterminants.

Un territoire et des hommes

Placé sous l'autorité du préfet représentant l'État, le groupement de gendarmerie départementale de la

1. Maréchal Hubert LYAUTEY, *Le rôle social de l'officier*, 5e édition, Bartillat, Paris, 2003, p. 75.

Manche est situé à Saint-Lô. À sa tête, un colonel le commande. Cinq unités en dépendent : les compagnies de Coutances, Saint-Lô, Cherbourg-Octeville, Avranches et l'escadron départemental de sécurité routière. Arnaud Beltrame prend ainsi le commandement de la compagnie départementale d'Avranches. Son autorité administrative est le sous-préfet d'Avranches ; son autorité judiciaire directe est le procureur de la République près le tribunal de grande instance de Coutances. Le territoire sur lequel s'exerce son commandement comprend tout le sud du département. Il est borné au sud par l'Ille-et-Vilaine, au nord par la sous-préfecture de Coutances, à l'est par l'Orne et le Calvados et à l'ouest par l'océan. C'est un département rural à la densité moyenne comprenant une seule ville d'importance, Avranches et ses 8 000 habitants. Les activités économiques du territoire sont l'agriculture (premier département agricole français) et le tourisme littoral, mémoriel (lieux des combats de la deuxième guerre mondiale) et culturel avec ses villes d'art, ses abbayes, ses châteaux et surtout le mont Saint-Michel. Quel signe pour un parachutiste comme Arnaud Beltrame d'avoir le mont de l'archange des paras sous sa « protection » ! L'officier en conçoit une immense fierté, mais de manière beaucoup plus pragmatique, il s'agit aussi pour lui d'assurer la sécurité des 2,5 millions à 3 millions de touristes du mont chaque année. Le général François-Xavier Bourge, qui commande la région de gendarmerie de Basse-Normandie de 2013 à 2015, explique : « Le fait d'avoir sous sa protection le mont Saint-Michel a forcement modelé la personnalité d'Arnaud Beltrame ; on ne peut sortir indifférent d'une telle responsabilité[2]. »

Sous ses ordres, 155 gendarmes, hommes et femmes sont répartis en cinq communautés de brigades (Sartilly-Baie-Bocage, Villedieu-les-Poëlles-Rouffigny, Saint-Hilaire-du-Harcouët, Mortain, Pontorson) et la brigade territoriale autonome d'Avranches ; à cela s'ajoute un peloton de surveillance et d'intervention de la gendarmerie (PSIG) et une brigade de recherches. Dès son arrivée à Avranches, avec son adjoint le capitaine Pierre Freixinos qui vient également d'être muté, le chef d'escadron Beltrame annonce la couleur : « Mon but est de m'intégrer le plus vite possible. Il est primordial d'aller vers les gens puisque mon rôle est d'être à leur service. Les missions de la compagnie continueront de porter sur l'ordre public, la police judiciaire et la sécurité routière afin de garantir à nos concitoyens protection et tranquillité publique[3]. » Il ne s'agit pas pour le nouveau commandant de révolutionner ce qui fonctionne, mais d'abord de prendre le pouls de la population et des brigades, de rencontrer, d'écouter, d'échanger, puis d'agir dans l'intérêt du service.

Voici donc le chef d'escadron Beltrame sur les routes de son département, allant de brigade en brigade. L'adjudant Fabrice Lejeune, alors à la brigade de Ducey dresse un portrait de son nouveau chef : « Il détone par sa joie de vivre, son dynamisme, son sourire permanent

2. *Entretien téléphonique avec le général de brigade de gendarmerie François-Xavier Bourges*, 8 mai 2018.

3. « Avranches : deux nouveaux officiers à la compagnie de gendarmerie », *Ouest-France*, édition de Granville, 13 septembre 2010.

et l'attention qu'il porte à ses hommes[4]. » Le sous-lieutenant Julien L., alors jeune sous-officier, complète : « Il est omniprésent sans être pesant ; il a toujours un mot pour chacun. On peut compter sur lui[5]. » Le chef d'escadron est à l'image exacte du chef tel que le décrit le capitaine de cavalerie Hubert Lyautey dans son ouvrage *Le rôle social de l'officier*. A plus d'un siècle de distance, les deux officiers – le futur maréchal de France et le futur héros de France – ont le même âge, 37 ans, et la même préoccupation de leur rôle social dans l'institution. Pour Lyautey, l'officier doit être aussi un éducateur, il doit connaître ses hommes, s'intéresser à leur vie hors du travail, et « d'abord les aimer et conquérir leur affection[6] ». L'adjudant Lejeune développe en écho : « Le chef d'escadron Beltrame écoutait totalement si on lui exposait un problème, un souci professionnel ou privé. Il n'avait de cesse d'agir pour vous aider jusqu'à ce que le problème soit résolu si c'était dans ses capacités. Il donnait véritablement sa chemise. Je me souviens l'entendre dire : "S'il vous faut un hélico ou un char, vous aurez un hélico ou un char !" Il aimait pleinement ses hommes[7] ! »

Arnaud Beltrame est le type même du chef charismatique qui aime et respecte ses hommes. Gardant

4. *Entretien avec l'adjudant Fabrice Lejeune*, La Haye-Pesnel, 16 juillet 2018. Du même âge que son chef à un an près, ancien du 1er régiment d'infanterie de la Garde, l'adjudant Lejeune conserve de ces années un lien très fort avec Arnaud Beltrame, qui demeure pour lui un modèle et auquel il reste d'une totale fidélité. Le mercredi 28 mars, il porte son cercueil aux Invalides.
5. *Entretien téléphonique avec le sous-lieutenant Julien L.*, 7 août 2018.
6. Maréchal Lyautey, *op. cit.*, p. 60.
7. *Entretien avec l'adjudant Fabrice Lejeune*, La Haye-Pesnel, 16 juillet 2018.

une certaine distance, il ne les tutoie pas comme dans certaines unités, mais préfère le vouvoiement. Toujours aussi exigeant avec ses gendarmes, il leur demande beaucoup de travail et leur accorde une très grande confiance, comprenant mieux qu'à la Garde le caractère irremplaçable du principe de subsidiarité dans le commandement. L'adjudant-chef Éric Cuillerdier explique : « L'une de ses phrases fétiches était : "J'ai une idée !" sur l'une ou l'autre des problématiques du moment, comme le phénomène de la délinquance itinérante par exemple. À partir de ce moment, c'est à nous de mettre son idée en musique et de lui présenter des projets et d'autres idées. » Le matin, à la compagnie, il n'est pas rare de le voir arriver avec un tas de chouquettes et autres viennoiseries, et d'inviter secrétaires et adjoints autour d'un café et d'un thé. Là, dans ces moments de convivialité, il aime aborder avec les gendarmes un thème géopolitique, d'actualité, historique ou culturel, avant de passer au travail de la journée. « Il faut avouer aussi qu'il prépare alors le concours de l'école de guerre et que ces petites discussions avec nous lui permettent de réviser ! » précise un personnel de la compagnie[8]. Pour certains sous-officiers anciens habitués à une vie de brigade plus calme, le style Beltrame « pique les yeux » et l'officier ne fait pas au début l'unanimité. Officier jeune, passé par les régiments, formé par l'armée de terre avant de devenir gendarme, passionnément parachutiste, Arnaud Beltrame est intransigeant sur la tenue et le style qu'il veut pour ses gendarmes qui sont

8. *Entretien avec le maréchal des logis-chef Estelle Lesouef*, Avranches, 18 juillet 2018.

aussi des militaires. La militarité n'est pas un vain mot pour lui et il peut faire sienne cette phrase du général d'armée de gendarmerie (2S) Marc Watin-Augouard : « Le caractère militaire de la gendarmerie n'est pas seulement un élément fort de son identité ; il conditionne son existence[9]. »

Régulièrement, le commandant de compagnie fait le tour de sa communauté de brigades (COB). « La confiance n'exclut pas le contrôle », comme l'affirme une sentence militaire. L'inspection annuelle, quant à elle, se passe le plus souvent en janvier et réunit tous les personnels de la communauté de brigades. Accueilli par le commandant de brigade, le chef d'escadron passe en revue les troupes en tenue impeccable, en vareuse, barrettes de décorations et gants blancs. Son regard bleu se fiche dans les yeux de chacun de ses subordonnés : « À la brigade de Mortain, on savait que le nouveau commandant de compagnie venait de la Garde. Je l'ai rencontré quelques jours après sa prise de commandement. À cette première inspection, il nous a passé en revue. Quand il est passé devant moi en saluant, il m'a regardé intensément des pieds à la tête. C'était impressionnant. Il avait un côté très militaire teinté de rigueur et dynamisme qui me convenait bien », se rappelle un

9. *Rapport du général de corps d'armée Marc Watin-Augouard, commandant la gendarmerie Nord – Pas-de-Calais, commandant la gendarmerie pour la zone de défense nord,* 2008, p. 21. Voir aussi ses réflexions mises à jour dans François Dieu, *L'identité du gendarme*, Paris, L'Harmattan, 2018, p. 77-105. Le général Watin-Augouard est ancien inspecteur général des armées-gendarmerie. Il est aussi directeur du centre de recherches de l'École des officiers de la gendarmerie nationale.

gendarme[10]. Puis il préside l'envoi des couleurs, moment solennel. Les gendarmes qui se sont distingués pendant l'année sont récompensés par des remises de médailles de la Défense nationale et des témoignages de satisfaction. Il met un point d'honneur à faire connaître au groupement et à la région de gendarmerie, ses supérieurs hiérarchiques, le travail efficace de ses personnels et veille à ce que celui-ci soit reconnu et récompensé à sa juste valeur. Dans ses notations, il est un chef bienveillant et sait l'écrire annuellement à ses subordonnés. Enfin, devant les élus locaux, la presse et les invités, les bilans annuels étant publiés par l'officier commandant la COB, le chef d'escadron Beltrame annonce officiellement les directives pour l'année en cours après avoir toujours chaudement félicité ses gendarmes. Ces inspections, les chiffres et les commentaires sont systématiquement relayés par la presse quotidienne régionale et ici se révèle une autre facette du génie d'Arnaud Beltrame, son sens inné de la communication à laquelle il croit dur comme fer.

Faire, faire savoir et savoir être

Le général Richard Lizurey, directeur général de la gendarmerie nationale, définit le métier de gendarme aujourd'hui :

> *En outre, il y a le contact avec la réalité et la vie quotidienne. Ce n'est pas une mission hors-sol,*

10. *Entretien téléphonique avec le sous-lieutenant Julien L.*, 7 août 2018.

d'où l'importance du maillage des brigades territoriales et sa stabilisation. On est au contact et au service de la population. Quand on forme un gendarme, ce n'est pas pour l'éternité, pas pour la totalité des rencontres qu'il va avoir dans sa carrière. C'est un axe de travail sur lequel nous travaillons depuis deux ans : nous ne négligeons pas le savoir-faire, mais nous privilégions le savoir être. Notre objectif, c'est d'avoir des gens qui sont dans le professionnalisme, mais aussi dans l'empathie et dans l'altérité, dans la recherche de l'autre. Je veux des gendarmes qui aillent vers le concitoyen pour savoir de quoi il a besoin, pour faire des bilans avec lui, pour lui rendre compte aussi de leur propre activité. Ainsi, chaque maire a désormais un gendarme référent[11].

Dès cette époque, et comme la plupart de ses camarades, Arnaud Beltrame est totalement dans la lettre, l'esprit et l'action voulus par le commandement. Il croit aux échanges et au contact avec ses concitoyens. Pour lui, il est très important de faire savoir ce que font les gendarmes pour la protection et la tranquillité de la population. Dans son esprit, il ne s'agit pas de flatter son ego, mais de mettre en avant la gendarmerie au sens large. Tout d'abord, il tient à rencontrer personnellement les élus de son territoire ; le maire d'Avranches, bien sûr, mais aussi les édiles des petites

11. François-Xavier LEFRANC et Philippe CHAPLEAU, « Baisse du moral, suicides : le patron des gendarmes revient sur l'état de ses troupes », *Ouest-France*, 18 juillet 2018.

communes ; puis il se fait connaître auprès des artisans, des commerçants, des curés, des communautés, des associations. Lors des cérémonies patriotiques (11 Novembre, 8 Mai, 14 Juillet), il a une attention particulière pour les anciens combattants. En 2011, lors d'une manifestation patriotique, il est heureux de féliciter un centenaire, grand ancien de la Garde républicaine et résistant. Il aime ces moments de passage de flambeau qu'il juge nécessaire.

En 2012, la compagnie d'Avranches signe un partenariat avec Pôle emploi et son directeur Dave Nizet. Arnaud Beltrame se fait recruteur pour l'institution. Il cible les jeunes, étudiants et chômeurs, et leur propose une première expérience professionnelle et annonce la couleur financière dans la presse. Des postes de gendarmes adjoints volontaires (GAV), réservistes, personnels techniques et administratifs sont proposés, et cela fonctionne plutôt bien si l'on observe le bond des candidatures l'année 2012 dans la Manche[12].

Toutes les semaines, il est au contact de la population, patrouillant avec les brigades et participant à des opérations de sensibilisation concernant les cambriolages ou la sécurité routière. Il est en voiture, à pied (souvent) ou en hélicoptère (parfois), en polo bleu ciel et calot gendarmerie, il veut que les gendarmes soient vus et reconnus. Pour le major Emmanuel Franchet, commandant du PSIG d'Avranches, le chef d'escadron Beltrame est « un avant-gardiste dans le domaine de la police de

12. « La gendarmerie recrute avec l'aide de Pôle emploi », *Ouest-France*, 31 octobre 2013.

sécurité du quotidien[13]. » À partir de janvier 2014, chaque mardi après-midi, une patrouille part à la rencontre des Avranchais afin de rencontrer la population. « Il faut toujours et absolument être au plus près et au cœur des citoyens » martèle Arnaud Beltrame[14].

Pour toutes ses missions, grandes comme petites, Arnaud Beltrame convoque la presse dont il veut se faire une alliée afin de valoriser le travail de ses militaires au profit de la population. Un journaliste de *La Manche libre* qui l'a connu de 2010 à 2013 à Saint-Hilaire-du-Harcouët raconte :

> *J'ai couvert plusieurs cérémonies ou opérations directement placées sous sa responsabilité. Je me souviens d'un homme chaleureux et très accueillant vis-à-vis des journalistes. Je me souviens qu'il regardait toujours ses interlocuteurs dans les yeux pour appuyer son propos ou pour les convaincre. Bien que militaires, les gendarmes ne gardent pas toujours cet esprit propre à leur formation d'origine. Ce n'était pas le cas d'Arnaud Beltrame. On sentait qu'il avait une vraie formation et une vraie âme de militaire. (…)*

---

13. *Entretien avec le major Emmanuel Franchet,* Avranches, 18 juillet 2018. La police de sécurité du quotidien (PSQ) est une promesse de campagne d'Emmanuel Macron. Elle concerne la police comme la gendarmerie. Annoncée par Gérard Collomb à l'automne 2017, « cette police sur le terrain aura pour mission de lutter, par des réponses différenciées, à la montée de la violence qui touche nos villes et nos quartiers, contre les incivilités et contre ce qui perturbe la vie quotidienne » en multipliant les contacts avec les élus et tous les acteurs de la vie sociale.

14. « Gendarmerie : au plus près des citoyens », *Ouest-France*, 19 janvier 2014.

> *Arnaud Beltrame était un grand communicant. Il convoquait régulièrement la presse pour médiatiser ses opérations « coups de poing ». Ces dernières avaient pour but de rassurer la population en déployant un grand nombre de gendarmes sur les axes routiers ou dans les rues de la ville. Lutte contre le trafic de drogue, contre le trafic de métaux, contre les cambriolages… Arnaud Beltrame n'hésitait pas à utiliser les grands moyens : équipe cynophile, hélicoptère, BRI, douaniers… Arnaud Beltrame voulait marquer les esprits avec ses opérations et faire peur aux délinquants. Il montrait les muscles. Il faut se souvenir qu'à l'époque le plan Vigipirate n'était pas aussi poussé qu'aujourd'hui et qu'il était peu commun de voir un gendarme muni d'un pistolet-mitrailleur au bord de la route pour un contrôle… Pour nous, journalistes, ces opérations étaient intéressantes, mais un peu trop cadenassées d'un point de vue communication. Arnaud Beltrame aimait maîtriser la communication, mais ne donnait pas toujours les informations que nous lui demandions dans d'autres affaires. Il était enfin très attentif aux chiffres de la délinquance. Il en faisait toujours un long développement lors de ses visites annuelles des brigades, toujours en présence des journalistes. Il avait en tout cas un contact facile (…)*[15].

Stéphanie Vinot, alors journaliste à France 3 Normandie, va également travailler en étroite collaboration

15. *Témoignage d'Antoine Pasquier*, 26 juin 2018.

avec Arnaud Beltrame pendant plusieurs années. À la fin du mois d'août 2010, elle reçoit un coup de téléphone de la direction régionale de la chaîne lui demandant de prendre contact avec un certain Arnaud Beltrame, commandant la compagnie d'Avranches et désirant collaborer avec la presse. Très vite le courant passe entre l'officier et la journaliste qui deviennent les meilleurs amis du monde :

> *Il était un gendarme totalement atypique qui ne ressemblait à aucun autre gendarme que j'ai connu, parfois guindés et omnipotents, souvent méfiants vis-à-vis de nous, journalistes. Arnaud, lui, était toujours souriant, enjoué, jovial, convivial, il savait aller vers les gens de tous les milieux, se mettre à leur niveau, les rassurer. Il avait tout compris à la communication. Il cherchait l'excellence dans son job, avait le « culte de la mission » comme l'on dit dans les armées. Moi, issue du monde civil, cela me faisait rire, on lui aurait donné la mission la moins enthousiasmante pour lui, il l'aurait faite avec sérieux parce que c'était la mission ! Mais il gardait bien sûr le discernement nécessaire au véritable chef.*
>
> *Et puis il parlait beaucoup, de tout, sur tous les sujets, avec tout le monde. C'était un homme volubile, presque trop et cela pouvait en énerver certains, mais son sourire effaçait tout. Et puis avec cela, toujours une blagounette à sortir pour faire rire l'assemblée. Il avait un côté totalement espiègle, un petit rictus au coin de la lèvre prêt à*

sortir une histoire ou à chambrer gentiment ses interlocuteurs[16].

Arnaud Beltrame fait des journalistes ses alliés. Il veut faire connaître le travail et le dévouement des hommes et des femmes qu'il commande et dont il se sent comptable. Stéphanie Vinot avoue : « Je n'ai jamais fait autant de sujets sur les gendarmes que durant ces années ! » Elle poursuit : « Je ne l'ai jamais vu en colère ou énervé. Mais une fois, je l'ai vu pas content du tout. C'était à Avranches, il y avait eu une interpellation qui ne s'était pas très bien passée, un individu avait menacé deux de ses gendarmes. Et là, oui, vraiment, il était fort mécontent. Il n'aimait pas l'idée qu'il puisse arriver quelque chose à l'un de ses hommes. Ce qui explique notamment qu'il s'impliquait souvent directement dans les interventions[17]. » Voici un exemple de la collaboration entre la gendarmerie et la presse. À l'été 2013, le Sud-Manche est victime d'une série de cambriolages et de vols de cuivre des câbles EDF visant des entreprises et des particuliers. Pour faire cesser ces exactions, Arnaud Beltrame monte une opération de sensibilisation autour des principales villes de l'arrondissement. Voici comment *Ouest-France* relate l'opération :

Depuis cet été, dans le Sud-Manche, recrudescence des cambriolages et des vols de cuivre des câbles EDF. La compagnie de gendarmerie multiplie les

16. *Entretien téléphonique avec Stéphanie Vinot*, 22 juin 2018.
17. *Témoignage de Stéphanie Vinot*, 7 août 2018.

opérations de contrôle. Sur réquisition du procureur de la République de Coutances, les gendarmes du Sud-Manche ont été engagés ce vendredi après-midi dans huit opérations de contrôle. Mortain, Villedieu-les-Poêles, Saint-Hilaire-du-Harcouët, Avranches… les principales villes du Sud-Manche ont été placées sous surveillance de 13 heures à 16 h 45 militaires, l'hélicoptère de la gendarmerie de Rennes et le maître-chien de Lisieux, spécialisé dans la recherche de stupéfiants, ont été mobilisés. Objectifs de ces contrôles : contrôler les véhicules, bien sûr, mais aussi prévenir, informer et sensibiliser la population.

« Les cambriolages dans les résidences principales ont lieu majoritairement lors de la pause de midi. Les cambriolages dans les établissements commerciaux et industriels et les vols de cuivre sur les câbles EDF basse tension ont lieu, eux, pendant la nuit. Plus la population est informée, plus elle est en mesure de se protéger et de nous avertir rapidement si elle voit quelque chose de bizarre », a expliqué Arnaud Beltrame, commandant la compagnie de gendarmerie d'Avranches[18].

Sans lésiner sur les moyens et en communiquant au maximum, la gendarmerie montre sa présence et sa force au service de la population. Les cambrioleurs ne sont pas interpellés, mais les forces de l'ordre leur font au moins peur, car les vols s'arrêtent du jour au lendemain

18. « Cambriolages en hausse dans le Sud-Manche : la gendarmerie contrôle », *Ouest-France*, 14 octobre 2013.

dans le Sud-Manche. La mission a donc été remplie pour le chef d'escadron Beltrame et ses hommes.

Les missions

« L'objectif (est) de créer un climat d'insécurité pour les délinquants en s'appuyant sur la prévention, l'action, plus de communication avec les élus, commerçants et citoyens, plus de réactivité et plus de renseignements[19]. » Telle est la feuille de route des gendarmes du Sud-Manche. Au quotidien, les gendarmes doivent être vus dans la rue, sur les marchés, sur les routes. Comme leur chef, ils doivent rencontrer les élus, les artisans, les commerçants et les particuliers afin de rassurer et protéger, le cas échéant, la population. Le général d'armée de gendarmerie (2S) Marc Watin-Augouard a parfaitement défini cette « gestion territoriale de la sécurité, cœur de métier de la gendarmerie nationale ». Pour lui :

> *Le* continuum *territorial est une caractéristique qu'aucune autre force de sécurité n'offre sauf… à se transformer en gendarmerie. La finalité de l'action de la gendarmerie se trouve ainsi posée : offrir en tout point du territoire, de métropole ou d'outre-mer, un standard de sécurité à la fois homogène, car conforme aux orientations nationales, et diversifié, pour tenir compte des circonstances*

19. « Communauté de brigades : inspection satisfaisante », *Ouest-France*, 29 septembre 2013.

locales : en dehors des grandes agglomérations ou des villes pouvant entretenir une police municipale, la gendarmerie garantit l'égalité de traitement des citoyens devant le service public de sécurité. Elle est l'expression de la souveraineté de l'État. Ses personnels sont la représentation la plus déconcentrée de la loi[20].

Les bilans donnés lors des inspections annuelles et publiés par la presse permettent de se faire une idée assez juste du travail des brigades. La lutte contre la délinquance itinérante et le trafic de drogue est une priorité. Des réseaux de trafics de drogue et de métaux sont démantelés en 2012 à Mortain. En 2014, deux bandes écument la région et cambriolent plus de quarante maisons. Elles sont mises hors d'état de nuire. En Normandie, les propriétés secondaires des Britanniques sont des cibles de choix pour les cambrioleurs. Conscient du traumatisme vécu en cas d'agression et de vol par cette importante population expatriée, Arnaud Beltrame organise spécialement pour eux une réunion publique d'information à Mortain en juin 2013 afin de leur rappeler les réactions utiles en cas de difficulté et l'aide que la gendarmerie peut leur apporter. « Arnaud a tenu la réunion dans un anglais impeccable, mais avec un accent français très prononcé. Il s'amusait à placer des expressions typiquement anglaises qui faisaient rire le public », se souvient son amie journaliste Stéphanie

20. *Rapport du général de corps d'armée Marc Watin-Augouard…, op. cit.*, p. 10.

Vinot[21]. « Le Mortainais, ce n'est pas Chicago ! » avait conclu l'officier français[22].

Bien sûr, les contrôles de vitesse, d'alcool et de stupéfiants au volant constituent une autre mission prioritaire des brigades. Et puis il a des missions conjoncturelles qui mobilisent l'ensemble des brigades : le Tour de France par deux fois, le 70e anniversaire du Débarquement et de la bataille de Normandie, le festival de rock des Papillons de nuit à Saint-Laurent-de-Cuves qui réunit pendant trois jours de 50 000 à 70 000 festivaliers[23]. Il y a aussi des missions plus tendues comme les manifestations d'agriculteurs, le rétablissement du caractère maritime du mont Saint-Michel ou la construction de la ligne à haute tension Contentin-Maine en 2013 qui engendrent manifestations, blocages de routes, destructions. Sur toutes ces missions, Arnaud Beltrame agit avec fermeté et mesure afin de faire respecter la loi dont il est le défenseur.

« Du point de vue professionnel, il a le culte de la mission toujours à l'esprit (...) une vraie « machine de guerre », dit de lui l'adjudant Fabrice Lejeune qui participe avec son chef à trois interventions particulièrement délicates face à des forcenés[24]. Dans les trois cas, des hommes alcoolisés menacent de se suicider ou s'en sont pris à des membres de leur famille ; armés de

21. *Entretien téléphonique avec Stéphanie Vinot*, 22 juillet 2018.

22. Mauricette Guittard, « Mortainais : les Anglais très souvent cambriolés », *Ouest-France*, 13 novembre 2013.

23. Sur le Tour de France, 13 000 gendarmes se relaient d'étape en étape et 40 gardes républicains accompagnent les coureurs pendant les vingt jours.

24. *Entretien avec l'adjudant Fabrice Lejeune*, La Haye-Pesnel, 16 juillet 2018.

fusil de chasse, ils sont retranchés chez eux au moment où les gendarmes interviennent. La mission des militaires est de les neutraliser avec un minium de dégâts. Dans chacune des affaires, le chef d'escadron Beltrame prend sa part, dialoguant longuement avec l'individu quand c'est possible ou prenant la tête d'un trinôme d'intervention avec ses hommes avant de les arrêter. Il a fait sienne cette réflexion de Bigeard : « Dans mon unité, un officier ne dit pas "En avant", mais "Suivez-moi"[25]. » L'adjudant Lejeune analyse :

> *En sa qualité d'officier, commandant de compagnie, il aurait pu être présent, mais plus en retrait. Que nenni, il était quelqu'un qui prenait toutes ses responsabilités, par son déplacement, son engagement. Une fois sur les lieux, il prenait toute l'opération à son compte, jusque dans l'action, et s'y glissait systématiquement, toujours en première ligne, parce qu'il estimait que c'était alors à lui en quelque sorte de faire le boulot, que c'était sa place. Il estimait qu'il avait une meilleure garantie de résultat en étant au cœur du dispositif, tout en accordant une grande confiance aux subordonnés qu'il emmenait; que si cela devait mal tourner, il en paierait lui-même le prix, le premier; que son savoir, sa position l'obligeaient. Il se disait aussi qu'il devait mener ses hommes, et quoi de mieux que l'exemple pour emporter l'estime et l'adhésion*[26].

25. Général Bigeard, *Pour une parcelle de gloire,* Plon, « Presses Pocket », Paris, p. 120.
26. *Entretien avec l'adjudant Fabrice Lejeune*, La Haye-Pesnel, 16 juillet 2018.

Lors d'une précédente intervention en 2011, un forcené violent tire dix coups de fusil en direction des gendarmes. Le chef d'escadron Beltrame quitte son PC sur la place du village et prend la tête du dispositif avec le maréchal des logis Julien L. jusqu'à participer à la négociation avec les spécialistes venant de la région de gendarmerie et obtenir la reddition de l'individu.

Pendant ces quatre années, Arnaud Beltrame vit dans un logement concédé par nécessité de service à Saint-Senier-sous-Avranches, à un kilomètre de la compagnie. Son cœur reste en Bretagne où il retourne dès qu'il peut pour se ressourcer à Trédion, à Sarzeau dans le golfe du Morbihan (où il a acheté un appartement) ou à l'abbaye Notre-Dame de Timadeuc. Il revoit aussi son père avec qui il effectue un bout du *Tro Breiz* ou du chemin de Saint-Jacques-de-Compostelle lors de ses permissions[27]. Et puis, il y a les amis toujours fidèles : Stéphanie Vinot avec qui il passe des soirées à refaire le monde, à échanger sur la foi, le sacré, la nature, la vie et la mort ; et Tom, le vieux camarade, qu'il invite et à qui il sert de guide au mont Saint-Michel au pied de l'archange des parachutistes. Tous les deux rapportent une petite statue de saint Michel pour leur oratoire afin de prier l'un pour l'autre devant le « prince de la milice céleste ».

Durant ses temps libres, il prépare aussi activement le dur concours de l'École de guerre, passage obligé

27. Le *Tro Breiz* ou Tour de Bretagne est un pèlerinage médiéval reliant les cathédrales des sept saints fondateurs de la Bretagne : Quimper (saint Corentin), Saint-Pol-de-Léon (saint Pol Aurélien), Tréguier (saint Tugdual), Saint-Brieuc (saint Brieuc), Saint-Malo (saint Malo), Dol-de-Bretagne (saint Samson), Vannes (saint Paterne).

pour les officiers supérieurs des trois armées et de la gendarmerie qui désirent un jour commander. S'il réussit bien à l'écrit, Arnaud Beltrame est capable de rater totalement son oral et c'est ce qui se passe effectivement puisqu'il échoue trois fois. Ces échecs, surtout le dernier, le marquent profondément, même si chez lui la volonté de résilience finit toujours par prendre le dessus.

Pour sa dernière « Sainte-Geneviève » en Normandie alors qu'ils fêtent leur sainte patronne à Ducey devant le commandant du groupement, le chef d'escadron Beltrame dresse le bilan de l'année passée et évoque la patronne des gendarmes et de Paris et : « En 451, à Lutèce, à l'approche d'Attila et de son armée, la religieuse exhorte la population à se défendre et résister. Le miracle se produit. Attila se détourne de la ville. Aujourd'hui, les Huns ont disparu, pas les périls[28]. » Arnaud Beltrame, le Breton, est tombé sous le charme de cette Basse-Normandie qu'il connaît par cœur pour l'avoir tant de fois parcourue. Et puis il y a ses gendarmes avec lesquels il a vécu tant de choses. Il sait que l'heure de la mutation approche, qu'il va devoir rejoindre un état-major ou un cabinet de ministère et cette perspective ne l'enchante absolument pas. Tentant le tout pour le tout, il demande à être maintenu un an de plus à son poste de commandant de compagnie. Reçu au printemps 2014 par le général Philippe Mazy, alors directeur des personnels militaires de la gendarmerie nationale, Arnaud Beltrame argumente tant qu'il

28. Audrey Capitaine, « Les gendarmes fêtent la Sainte-Geneviève », *Ouest-France*, modifié le 2 avril 2015.

peut, mais la décision est sans appel. « J'ai senti chez ce jeune officier une soif de servir extrêmement forte. Je lui ai expliqué pourquoi il fallait pendant un temps quitter le terrain, qu'il avait besoin de parfaire sa formation et qu'il fallait laisser sa place aux plus jeunes. Il lui a été proposé le ministère de l'Écologie. Il a fini par accepter par discipline intellectuelle et aussi bien sûr par obéissance. Mais cela a été difficile pour lui au début », se souvient le général Mazy[29].

Le jeudi 12 juin 2014, en la mairie d'Avranches, en présence de ses personnels, des autorités, des élus et de ses amis, le chef d'escadron Arnaud Beltrame, « l'officier au grand cœur », fait ses adieux au Sud-Manche et à la « compagnie du mont Saint-Michel »[30]. Visiblement très ému, il confie : « C'est un grand honneur d'avoir commandé cette compagnie. Ma meilleure affectation, et mon meilleur commandement en dix-huit ans de carrière. J'ai beaucoup aimé les gens et la région (...). Je rends hommage à tous les gendarmes pour leur dévouement et leur culte de la mission[31]. » Deux ans plus tôt, en reconnaissance de son dévouement depuis plus de quinze ans à la France et à ses armées, il avait été fait chevalier dans l'ordre national du Mérite le 14 juillet 2012.

---

29. *Entretien avec le général de corps d'armée de gendarmerie (2 S) Philippe Mazy*, La Rochelle, 6 juillet 2018. Deux ans plus tard, en juillet 2016, un collaborateur du ministère de l'Écologie téléphonera au général et dira d'Arnaud Beltrame : « Mon général, cet officier fait honneur à la gendarmerie ! »
30. « Avranches, départ du commandant Arnaud Beltrame », *La Manche libre*, 13 juin 2014. L'expression est du journal.
31. « Gendarmerie : le commandant Beltrame s'en va », *Ouest-France*, 19 juin 2014.

Deuxième partie de carrière

« J'ai toujours pensé qu'on réussit mieux par le travail et par l'effort qu'en râlant et en faisant porter toutes les difficultés et les fautes sur les autres[1]. »
Général Marcel BIGEARD.

Dans les armées et la gendarmerie, l'officier sait que sa carrière connaît un déroulé programmé. Après le temps de l'action (école d'application, temps de lieutenant et de chef de section, de capitaine et de commandant d'unité élémentaire), il sait qu'il va falloir retourner en état-major et sur les bancs de l'école ou de l'université afin d'obtenir une nouvelle qualification sanctionnée par un diplôme civil. Le choc est parfois rude pour les jeunes officiers, mais, à terme, ils apprécient le plus souvent cette pause dans leur carrière militaire qui leur permet de s'ouvrir ou de redécouvrir le monde civil.

Au ministère de l'Écologie

Le chef d'escadron Arnaud Beltrame arrive au ministère de l'Environnement, de l'Écologie et de la Mer

1. Marcel BIGEARD, *Ma vie pour la France*, Le Rocher, Monaco, 2010, p. 20.

comme conseiller pour la sécurité et la défense au cabinet du secrétaire général à l'été 2014. Pour lui, c'est le retour dans la capitale qu'il a quittée voici déjà quatre ans. Mais, loin des ors de l'hôtel de Roquelaure, boulevard Saint-Germain, dans le 7e arrondissement, qui abrite le ministre Ségolène Royal et son cabinet, Arnaud Beltrame a son bureau dans la Grande Arche de la Défense, paroi sud, 32e étage (sur 35). L'esplanade de la Défense à Puteaux, le RER et le terminus de la ligne 1 sont son nouvel univers loin du bocage normand et de son cher mont Saint-Michel. L'adaptation au terrain est l'une des qualités du soldat. Grâce à ses qualités relationnelles, ses capacités intellectuelles, son sourire et son caractère enjoué, Arnaud Beltrame finit par se sentir aussi à l'aise dans les couloirs du ministère, en costume et cravate, qu'en campagne en treillis et rangers. À Paris, il loge à la caserne de la Garde à Nanterre qu'il a quittée il y a quatre ans à moins de trente minutes de son bureau.

Cinq officiers de gendarmerie sont mis à la disposition du ministère : quatre sont au service du haut fonctionnaire de défense et de sécurité (service du secrétariat général) et un officier est conseiller pour la sécurité et la défense au cabinet du secrétaire général. En outre, une équipe d'une dizaine de gardes du 2e régiment d'infanterie de la Garde républicaine assure la sécurité de l'hôtel de Roquelaure. Au ministère, Arnaud Beltrame a une triple mission : il est le conseiller du secrétaire général sur les questions de sécurité et de défense ; il assure un lien étroit entre le service de défense, de sécurité et d'intelligence économique (SDSIE), et le secrétaire général (suivi et mise en forme des dossiers), et enfin il prépare et conduit les cérémonies de commémoration (11 novembre, 8 Mai...). Il occupe en somme le rôle d'un officier d'état-major dans un cadre civil. Durant son passage au ministère, deux secrétaires généraux se succèdent : Francis Rol-Tanguy et Régine Engström.

Il est immédiatement intégré dans une petite équipe d'une dizaine de personnes, sa mission consiste à être force de proposition pour le secrétaire général dans le domaine de la sécurité nucléaire, de la prévention des actes de malveillance, du transport des déchets, de la protection des points sensibles par exemple. Son poste est en dynamique permanente et il apprend de nouvelles techniques, s'intéresse à d'autres sujets. Son ouverture d'esprit et son sens inné du relationnel lui facilitent grandement les choses. Bien sûr, les 11 novembre et 8 Mai, il ne laisse à personne d'autre au ministère le soin d'organiser les cérémonies patriotiques. Arnaud Beltrame fait encore l'unanimité autour de lui. Fidèle à lui-même, il laisse un souvenir impérissable tant aux civils qu'aux militaires qu'il côtoie. Les qualificatifs sont les mêmes que dans ses précédentes affectations. Le colonel Fabrice Spinetta, chef de service adjoint au service de défense, de sécurité et d'intelligence économique (SDSIE), se souvient « d'un officier très sympathique, survolté, toujours prêt à rendre service (...) très attaché à son statut militaire et à son passé parachutiste[2] ». Le lieutenant-colonel Éric Bailly, qui lui succédera en 2017 au poste de conseiller, voit en lui

2. *Témoignage du colonel de gendarmerie Fabrice Spinetta*, 9 juin 2018.

un « officier fougueux, trop peut-être, très investi, passionné, bien “câblé” et d’une capacité de travail hors norme[3]. »

Un conseiller au cabinet du secrétaire général a adressé à l’auteur de ce livre un témoignage sur les années d’Arnaud Beltrame au ministère. Nous le publions ici tant pour ce qu’il dit de lui que pour la spontanéité et la qualité littéraire de ce document auquel le moindre commentaire serait superflu :

> *Arnaud était une personnalité hors norme, dans tous les sens du terme.*
> *Grand séducteur, volubile, accompagnant ses paroles d’énergiques mouvements de bras, la sensibilité à fleur de peau, se nourrissant de quinoa, préférant le thé vert au café : il renvoyait une image assurément éloignée de la représentation classique du militaire réservé et un peu froid ou du parachutiste cultivant une virilité masculine brute.*
> *Au sein du Secrétariat général, il était impossible de passer à côté. Tout le monde ou presque connaissait Arnaud. Le Général (2S) qui l’avait recruté semblait partagé entre une grande considération (« c’est un héros de guerre », rappelait-il sèchement à qui osait imprudemment plaisanter, en montrant ostensiblement son agacement à l’importun) et le désappointement en privé face à des comportements sortant parfois de la norme. Cela rendait Arnaud très attachant. Arnaud*

3. *Entretien avec le lieutenant-colonel de gendarmerie Éric Bailly*, 19 juin 2018.

dépoussiérerait en cinq secondes sur son passage le carcan administratif, ses rigidités, ses conventions immuables, tout en riant, comme si de rien n'était. Une tornade. Les agents les plus gris et moroses reprenait instantanément des couleurs. Arnaud n'hésitait pas à sur-jouer au besoin son personnage pour interpeller son interlocuteur et le faire sortir de sa logique, pour casser les codes et créer des espaces de liberté. Si son interlocuteur, surpris, se détendait, c'était gagné.

Il avait avant tout un sens inné des relations, une intelligence relationnelle hors du commun. Il savait mettre en confiance, briser la vitre instantanément. De façon assez curieuse, les gens se confiaient à lui ou lui racontaient des éléments personnels de leur vie, sans même s'en apercevoir. Le reste, il le devinait. Il découvrait rapidement le moteur des gens, ce qui les faisait vibrer. En une semaine, il était capable de connaître l'ensemble des agents d'un service, leurs soucis, leurs forces et faiblesses, les caractéristiques de leurs personnalités, de leur passé, des postes qu'ils avaient occupés comme de leur milieu familial. Il lisait littéralement dans les gens à livre ouvert. Il radiographiait les ombres et les non-dits du service ou d'un groupe de travail, ce que les agents pensaient tout bas sans jamais avoir osé le dire. Dans un cabinet, fût-il d'une direction ou d'un secrétariat général, c'est une force car tout va très vite. Comprendre rapidement une situation, la fiabilité de son interlocuteur et la logique de chacun des acteurs, au-delà de la version officielle,

est primordial. J'ai imputé au départ les facultés surprenantes d'Arnaud à la formation que reçoivent les gendarmes, leurs techniques pour mener un interrogatoire ou une enquête. Je me suis rapidement rendu compte que ses facultés, très instinctives, allaient bien au-delà de tout ce qui peut être enseigné et lui étaient propres. C'est un peu comme s'il sentait, de façon très animale, les individus qu'il côtoyait.
Ces caractéristiques relationnelles, associées à une énergie vitale inépuisable, en faisaient l'animateur de prédilection de toutes les fêtes, pots, petits déjeuners, pauses et autres moments de convivialité. « Nous faisons partie d'une équipe » était son moto et le prétexte à de nombreuses réunions de « team building ». La notion d'esprit d'équipe, de « fraternité » était pour lui essentielle au travail, qu'il n'envisageait de toute façon que comme une activité collective. Il arrivait souvent le lundi ou le jeudi avec des croissants et autres viennoiseries, qu'il distribuait avec attention en passant dans chacun des bureaux. Il disposait ensuite dans le local de repos le restant, sur de belles assiettes, très soigneusement. Les retardataires, ou tous ceux qui voulaient bien prolonger le moment pour discuter avec lui, étaient invités à aller se servir. Il préparait généralement du thé et présidait ces petits déjeuners, droit comme un I. Il n'oubliait personne, pas même les assistantes et le chauffeur. Son cri de ralliement était « haut les cœurs ! » qu'il faisait sonner à pleins poumons. Dans les grands jours, nous avions droit à l'ensemble des

devises des corps de l'armée, qu'il déclamait par cœur. Il avait l'Armée chevillée au corps et ne se lassait jamais d'en parler et de partager sa passion patriotique.

Les réunions étaient toutes aussi vivantes. Les conseillers se réunissaient généralement le jeudi, dans chacun de nos bureaux, en alternance. Quand cela tombait sur le mien, qui jouxtait celui du Général, notre directeur de cabinet, ce dernier venait régulièrement nous interrompre, indisposé par le niveau sonore général de la conversation, des rires et des acclamations.

Au-delà de ces moments de convivialité ou de « fraternité », les facultés d'Arnaud lui permettaient de repousser les limites. Son aisance verbale, sa capacité de mettre en confiance son interlocuteur lui permettaient de rattraper les situations les plus désespérées. Parapheurs urgents égarés, décision bloquée ou impossible à obtenir, interlocuteur intraitable, rien ne résistait à Arnaud.

Il embarquait généralement dans ses projets bon nombre de personnes : la réussite d'une « mission », comme il appelait toute tâche qui lui était « confiée », se mesurait chez Arnaud au nombre d'individus, parfois impressionnant, qu'il avait réussi à agréger autour de lui. Je lui écrivais les discours pour la ministre dans le cadre de la préparation des cérémonies commémoratives, les assistantes étaient réquisitionnées pour préparer les dossiers, la responsable de la chancellerie de l'époque faisait la relecture, une aide miraculeuse, un collègue sorti de nulle part, terminait la joyeuse équipée. Aucun d'entre nous ne se rappelait vraiment ce qui avait bien pu nous amener à participer à cette aventure, en plus de notre travail, et qui prenait des allures de mission commando. Arnaud adorait cette mise en mouvement collectif. Chacun devait mettre la main à la pâte : travailler au service de la fonction publique, c'était se dévouer de façon absolue. Cela impliquait aussi les tâches ingrates, courses, corvées de vaisselle et autres. Le cabinet prenait parfois des allures de caserne de gendarmerie ou de campement militaire.

Arnaud vivait parfois mal son poste. Son ADN, c'était l'opérationnel, l'action rapide et immédiate, la stratégie d'ensemble. Notre quotidien était davantage, pour résumer rapidement, le suivi administratif de dossiers. Son poste ne comportait pas d'encadrement ; il n'était pas censé prendre le contrôle opérationnel de l'action comme il aspirait naturellement à le faire. Cela manquait quelque peu de sens et d'envergure le concernant. Il avait besoin d'inscrire son action dans quelque chose de plus trépidant.

Il a néanmoins rapidement tiré le parti de la situation. D'une part, il a été d'une aide précieuse dans le projet que nous avions de rendre à notre fonction son rôle premier, c'est-à-dire de rendre aux conseillers que nous étions de vraies missions de conseillers. Il a aussi et surtout profité de cette période pour préparer un MBA en intelligence économique et prendre le temps de se construire un réseau afin de se projeter dans la suite de sa carrière. Il souhaitait plus que tout évoluer au sein de l'armée. Son échec à l'École de guerre l'avait beaucoup affecté et il avait à cœur de prouver qu'il était capable de passer au niveau supérieur[4].

À l'École européenne d'intelligence économique (EEIE)

C'est à l'École européenne d'intelligence économique (EEIE) qu'Arnaud Beltrame va faire preuve de ses capacités de résilience et une fois encore de son excellence. Désigné par ses supérieurs pour suivre une scolarité diplômante afin d'obtenir un *Master of Business Administration* (MBA), il rejoint l'EEIE à la rentrée 2015. Fondée en 2005 par Benoît de Saint Sernin et Frédéric Leclerc, tous les deux diplômés de l'École supérieure libre des sciences commerciales appliquées de Paris (ESLSCA), l'EEIE a ses locaux situés à Versailles dans l'ancien hôtel particulier de madame de Pompadour. Selon son site institutionnel, « L'EEIE est née de ces expériences professionnelles qui donnent une vision juste de la réalité et du quotidien d'une entreprise. Le concept de cette école de deuxième génération est simple : l'intelligence économique est un outil de développement des entreprises[5] ! » Le site de l'École donne une définition de l'IE assez complète et reprise sur de nombreux autres sites Internet :

4. *Témoignage d'un conseiller auprès du secrétaire général,* 3 juillet 2018.
5. www.eeie.fr

> *L'intelligence économique (IE) est une ingénierie de la collecte, de l'analyse stratégique et de la valorisation de l'information utile pour un éclairage et une aide à la décision. Elle utilise toutes les ressources des technologies de l'information et de la communication, des réseaux humains et de leur capacité d'influence pour donner aux entreprises, ou à un État, les moyens d'être plus compétitif et plus efficace face à la concurrence. Pratiquée par tous les grands pays industrialisés et émergents, elle permet d'assurer aux entreprises un avantage concurrentiel, et à l'État de pouvoir anticiper les événements et d'accompagner les mutations économiques*[6].

Le fait est que depuis les travaux précurseurs d'Henri Martre en 1992, l'intelligence économique a le vent en poupe. En 1996, le général Jean Pichot-Duclos, directeur général de DCI-INTELCO, Benoît de Saint Sernin, directeur du développement de l'ESLSCA et Christian Harbulot, adjoint du général Pichot-Duclos à l'époque créent ensemble l'école de Guerre économique (EGE)[7]. De plus, depuis quelques années, les universités de Poitiers, Bordeaux, Angers, Paris I ou Paris-Est Marne-la-Vallée proposent des masters en IE à leurs étudiants.

---

6. *Ibid.*
7. Défense Conseil International (DCI) est une société française de services spécialisés dans le domaine de la défense. INTELCO était son département intelligence économique qui fut dissous dès la création de l'école de Guerre économique.

L'EEIE accueille chaque année, une promotion de deux classes soit une quarantaine d'élèves en tout. La plupart sont des étudiants ou de jeunes cadres d'entreprise. Les autres sont des officiers supérieurs de gendarmeries ou de l'armée de terre à dominante « renseignement » pour qui c'est une « année civile ». Le mélange des âges, des origines et des expériences est une vraie richesse pour les membres de la promotion.

Lorsque Benoît de Saint Sernin reçoit Arnaud Beltrame avant qu'il n'intègre officiellement l'EEIE, il a en face de lui un « homme cassé » par son échec au concours militaire de l'École de guerre : « Il ne comprenait pas son échec à ce concours difficile et très sélectif, il ne l'acceptait pas. Depuis toujours, il était un premier, il n'y avait donc pas de raison de se planter. Et puis quitter le terrain était un crève-cœur pour lui », rapporte Benoît de Saint Sernin[8]. De suite pourtant, il s'investit à fond dans les stages, les cours et les travaux demandés tout en continuant à travailler au ministère durant sa scolarité.

> *Arnaud Beltrame est un homme volontaire qui va au-delà de ce que l'on lui demande, c'est celui qui dans le groupe a toujours un coup d'avance. Bourré d'énergie positive, volubile, parfois survolté, il entraîne et motive les autres à sa suite. Sur*

8. *Entretien téléphonique avec Benoît de Saint Sernin*, 25 juin 2018. En plus de sa fonction de co-directeur de l'EEIE, Benoît de Saint Sernin est président du Cercle de l'arbalète (structure dédiée aux Forces spéciales et aux Unités spéciales), président du Centre des Hautes Études du Cyberespace (CHECy), conseiller municipal de Versailles et conseiller communautaire de Versailles Grand Parc.

tous les sujets étudiés, il creuse, pose des questions, veut tout comprendre et tout essayer. Il aurait été le type idéal pour tester les failles et les avantages d'un système. Il en devient parfois fatigant pour les autres, car il n'a pas de bouton off. *Heureusement, son bon caractère neutralise les animosités*[9] *!*

À l'EEIE, Arnaud Beltrame retrouve un ancien de l'EPIGN, Marc Stoltz avec lequel il noue une amitié fidèle. Les journées sont denses entre le travail au ministère et les cours à l'EEIE. Parfois, Arnaud Beltrame fait appel à son amie journaliste Stéphanie Vinot afin de l'aider dans la rédaction de certains travaux en rapport avec la presse. À la fin de l'année, il soutient son mémoire de master 2 professionnel en intelligence économique pour lequel il s'est comme de coutume dépensé sans compter. Un conseiller du ministère raconte :

J'étais présent lors de son oral de l'école d'intelligence économique. Il s'était mobilisé comme personne. De façon absolue. Comme s'il s'agissait du jour le plus important de sa vie. Trois semaines avant, il en parlait déjà en boucle, avait préparé l'essentiel de son intervention, avec la même ardeur qu'un plan de déploiement décisif de forces armées à l'autre bout de la planète. Il avait contacté toutes les personnes qu'il avait pu au sein de la gendarmerie. L'opération lui a demandé tellement d'efforts qu'il a dû se reposer deux jours, exténué[10].

9. *Ibid.*
10. *Témoignage d'un conseiller auprès du secrétaire général*, 3 juillet 2018.

Arnaud Beltrame sort parmi les premiers de la promotion n° 10 de l'EEIE. L'année suivante, à l'été 2017, il reviendra participer aux oraux, mais cette fois comme membre et président du jury. Le 1er août 2016 il est nommé lieutenant-colonel de gendarmerie. Requinqué, il aborde l'avenir avec optimisme. Pourtant, au ministère, l'ambiance est devenue assez compliquée : l'équipe dirigeante (secrétaire général, adjoint, chef de cabinet, assistantes) est totalement remaniée : « Arnaud (…) assurait une forme d'intérim de la direction dans un ministère particulièrement complexe. Il essayait de donner le meilleur de lui-même sur des domaines qui devaient lui être totalement inconnus. J'imagine sans peine son soulagement quant à la rentrée de septembre 2016, il a vu arriver la nouvelle équipe de direction[11] », se souvient son ami du ministère.

Le lieutenant-colonel de gendarmerie Stéphane Authier qui travaille avec Arnaud Beltrame au ministère explique que la formation à l'EEIE avait été pour son camarade révélatrice : « Nous avions beaucoup échangé sur la formation en intelligence économique qu'il avait suivie. Cette scolarité lui avait permis de mettre à profit son énergie débordante, son inventivité et son intelligence de la situation, pour chercher des vulnérabilités dans des entreprises et donc les aider à les colmater[12]. » C'est au bénéfice de la gendarmerie qu'il va mettre à profit cette expérience avec le projet *Vigie*.

11. *Ibid.*
12. *Entretien avec le lieutenant-colonel Stéphane Authier*, 9 août 2018.

VIGIE

Lors de sa scolarité, un formateur occasionnel de l'École et ancien élève lui-même de l'EEIE, Cyrille F., se rapproche d'Arnaud Beltrame et lui expose un projet qui lui tient à cœur depuis longtemps. Il s'agirait d'appliquer les méthodes de l'intelligence économique sur sources ouvertes et de monter une forme de veille opérationnelle Internet au profit de la gendarmerie départementale. Cyrille F. a déjà bien avancé le dossier, mais il a besoin de l'officier pour le porter et le présenter aux autorités de la gendarmerie. Au ministère, Arnaud Beltrame s'ouvre du projet au colonel de gendarmerie Pascal Ségura, adjoint au chef du service de défense, sécurité et intelligence économique, qui trouve également l'idée très intéressante. Prenant la tête en septembre 2016 de la région de gendarmerie Centre – Val-de-Loire et nommé général de brigade l'année suivante, Pascal Ségura propose à Arnaud Beltrame et à Cyrille F. d'expérimenter le projet dans sa nouvelle circonscription. L'entreprise prend alors le nom de VIGIE pour Veille Internet au profit de la gendarmerie par l'intelligence économique.

Deux parties composent VIGIE. Il s'agit d'une part d'enseigner les cellules renseignement de la gendarmerie à la recherche d'informations sur Internet grâce à une méthode rapide et efficace d'exploitation des sources sur les territoires informationnels (réseaux sociaux, blogs, sites web divers) y compris sur le *dark web*; d'autre part de former des négociateurs capables d'exploiter rapidement les renseignements recueillis en cas de crise en temps réel. Arnaud Beltrame, de plus plus enthousiaste, se bat pour le projet, force les portes de la hiérarchie et parvient à faire recruter deux réservistes (dont Cyrille F.) pour développer VIGIE. Aux ateliers de performance 2018, le projet est remarqué et inscrit au catalogue des « Bonnes Pratiques » de la gendarmerie[13]. Aujourd'hui, VIGIE fonctionne officiellement au profit de la zone de défense ouest, piloté par une cellule composée du minimum vital, un officier d'active et deux officiers de réserve.

13. Les ateliers de performance sont un peu le concours Lépine de la gendarmerie. Chaque gendarme peut ainsi présenter à un jury une innovation ayant fait déjà ses preuves localement et susceptible de rendre service à l'institution au niveau national.

Le lieutenant d'infanterie coloniale Édouard Beltrame est fait chevalier de la Légion d'honneur en 1949.

Le parachutiste Georges Beltrame en route vers l'Indochine lors de l'escale à Djibouti ; à droite (chemise blanche) son père Édouard, vers 1950.

Jean-François Beltrame engagé volontaire, 1964.

En première année de Corniche à Saint-Cyr-L'Ecole, Arnaud est au troisième rang en partant du bas, troisième en partant de la droite, 1991.

Arnaud Beltrame dans sa première tenue militaire, rentrée 1991.

© DR - collection privée

Pendant la PM para, portant un camarade sur les épaules, été 1992.

Pendant la PM para, été 1992.

© DR - collection privée

© DR - collection privée

EOR à Draguignan. Arnaud Beltrame est au deuxième rang, deuxième en partant de la gauche, 1995

© DR - collection privée

Les EOP du 8e RA, 1997.

© DR - collection privée

Saint-Michel au 8e RA, Arnaud est devant portant le sweat de son ancienne batterie du 35e RAP, 1998.

© DR - collection privée

Tom, Bigeard et Arnaud, 1999.

Arnaud et sa mère Nicolle à l'EMIA, juillet 2000.

Stage montagne à Barcelonnette, 1999.

© DR - collection privée

À l'EMIA avec des camarades.

© DR - collection privée

La garde au drapeau devant l'Arc de Constantin, 2000.

Lieutenant
de gendarmerie,
fin de scolarité
à l'EMIA, 2001

Le peloton Beltrame en Nouvelle-Calédonie, 2002.

© DR - collection privée

Tom remet à Arnaud son brevet de chuteur opérationnel , avril 2005.

© DR - collection privée

Chuteur opérationnel, 2005.

© DR - collection privée

Obsèques du général Bigeard aux Invalides, juin 2010.

© DR - collection privée

Arnaud reçoit la croix de la valeur militaire.

© DR - collection privée

Remise des nouveaux fanions aux compagnies du 1er RI.

© DR - collection privée

Le capitaine Beltrame à la tête de sa compagnie du 1er régiment d'infanterie de la Garde républicaine.

Commandant
de compagnie
à Avranches, 2010.

Inspection à Granville, 2012.

© DR - collection privée

La 10e promotion de l'Ecole européenne d'intelligence économique en stage au Centre national d'entraînement des forces de gendarmerie (CNFEG) à Saint-Astier (Dordogne), 2016.

© DR - collection privée

Arnaud avec des amis à l'EEIE.

Vers les cîmes.

Avec Tom en pélerinage à Lourdes.

© DR - Groupement de gendarmerie départementale de l'Aude

Arnaud et Marielle Beltrame,
« Aimer, ce n'est pas se regarder l'un l'autre, c'est regarder ensemble dans la même direction. »

© Dominique Grignon Pontorson

L'officier de gendarmerie.

© DR - Promotion Colonel Arnaud Beltrame

La promotion Beltrame de l'EOGN devant le Mont Saint-Michel honore son parrain, 2018.

© DR - Groupement de gendarmerie départementale de l'Aude

Le chef, Carcassonne, février 2018.

© DR - collection privée

Cédric, Arnaud et Damien Beltrame

Les quêtes spirituelles d'Arnaud Beltrame

« *Non nobis, Domine, non nobis, sed nomini tuo da gloriam*[1]. »
Devise attribuée à l'ordre du Temple.

L'on a beaucoup écrit et glosé sur la vie spirituelle d'Arnaud Beltrame. Catholique ? Franc-maçon ? Catholique et franc-maçon ? Franc-maçon et chrétien ? Certains ont voulu inscrire le héros de Trèbes dans une case, une catégorie. La réalité et la vérité ne sont pas si simples. S'il n'est pas possible de sonder les reins, les cœurs et les volontés, il est permis d'interroger, d'étudier, de distinguer le for externe du for interne (l'acte public de l'acte privé) et de tenter d'approcher, sans forcément comprendre, mais en essayant d'expliquer, le parcours spirituel d'un homme qui n'est pas aussi singulier qu'il peut le paraître.

Un homme en recherche

Dans la nature, quand il marche pour de grandes randonnées, Arnaud Beltrame se ressource et se retrouve. Son corps et son esprit ont besoin de solitude.

1. « Non pas à nous, Seigneur, non pas à nous, mais à Ton Nom, donne la gloire », psaume 115.

Parfois, il part plusieurs jours seul sur la route, sac au dos, et ses subordonnés savent qu'il est injoignable pendant un certain temps. Bien sûr, comme tout militaire, il aime faire du sport, pas seulement pour se dépasser, mais aussi en digne émule de Bigeard, parce qu'il sait que l'exercice physique est nécessaire pour entretenir son corps. Tout ce qui peut maintenir et améliorer sa santé est important pour lui : il ne fume pas, boit de l'alcool et du vin modérément et surveille son alimentation. « Nous avons fait un stage tous les deux et il a découvert le régime de sainte Hildegarde de Bingen qu'il a suivi tout de suite. Je me souviens le voir faire son pain avec du petit épeautre hybridé selon la recette d'Hildegarde », raconte, amusée, Stéphanie Vinot[2].

Dans le domaine spirituel, Arnaud Beltrame est un homme en recherche. Baptisé à trois mois le 8 juillet 1973 en l'église Saint-Martin de Trédion, il ne reçoit ensuite presque aucune éducation religieuse et même s'il se marie à l'église une première fois en 2001, la cérémonie s'apparente davantage à une coutume sociale qu'à un acte de foi. Catholique non pratiquant, il s'intéresse depuis longtemps au sacré. L'on a vu qu'en Bretagne, il se passionne pour la civilisation celtique, la religion druidique, la chevalerie, les signes dans la nature. « Tout ce qui peut donner une réponse à ses questions

2. *Entretien téléphonique avec Stéphanie Vinot*, 22 juin 2018. Hildegarde de Bingen (moniale bénédictine franconienne du XIIe siècle et docteur de l'Église) est connue, entre autres choses, pour son traité de médecine naturelle. On pourra se reporter à l'ouvrage de vulgarisation du docteur Gottfried Hertzka, *… voilà comment Dieu guérit, la médecine de sainte Hildegarde, nouvelle méthode de guérison par la nature*, Parvis, Hauteville, 1987.

et l'aider dans sa quête spirituelle, il prend[3] », dit de lui son frère Damien. Arnaud Beltrame est un chercheur de sens. Il est comme ces chevaliers de la Table Ronde, dont il connaît les histoires, en quête du Graal de la connaissance. Au milieu des années 2000, séparément et simultanément, il trouve des réponses à ses questions au sein de la franc-maçonnerie et de l'Église catholique.

La franc-maçonnerie d'Arnaud Beltrame

En 2007, Arnaud Beltrame vient de demander le divorce d'avec son amie d'enfance. Il est prononcé l'année suivante. Depuis 2006, année où il a quitté dans des circonstances compliquées l'EPIGN, il commande sa compagnie au 1er régiment d'infanterie de la Garde républicaine. L'officier se pose beaucoup de questions sur le sens de la vie, la mort, Dieu, l'homme. Son frère Damien est venu habiter avec lui à Nanterre. C'est dans ces années de doute qu'il découvre la franc-maçonnerie, puis se rapproche d'une Église catholique qu'il ne connaît pas vraiment davantage. Arnaud Beltrame est à cette époque un peu perdu. C'est son beau-père Maurice Fromager, appartenant lui-même à la Grande Loge de France, qui le premier lui évoque la franc-maçonnerie. Il la lui présente comme une société de réflexions et de recherches philosophiques. Intéressé, Arnaud demande son admission. Parrainé par un officier de gendarmerie et, après que l'on a vérifié qu'il est un « homme libre et de bonnes mœurs, il est initié le 22 décembre 2008 à

3. *Entretien avec Damien Beltrame*, Maisons-Alfort, 3 mai 2018.

la loge “Jérôme Bonaparte” de Rueil-Malmaison[4]. De nombreux militaires, marins, policiers appartiennent à la franc-maçonnerie, mais ceux-ci cultivent particulièrement la discrétion sur leur état[5].

Aussitôt volontaire et impliqué, comme dans tout ce qu’il entreprend, Arnaud Beltrame trouve dans la franc-maçonnerie des réponses à ses questions et des relations humaines qu’il apprécie. Travailleur, régulier aux « tenues » (réunions), il obtient les grades d’apprenti, de compagnon et de maître (3e degré sur 33) et revêt le tablier blanc et rouge marqué des lettres M et B. Chez les maçons, le maître est celui qui a la capacité de transmettre le savoir comme au temps des corporations du Moyen Âge. Dans sa loge, l’officier est aussi responsable du cérémonial, de l’ordonnancement et de la rigueur des « tenues » qu’il exerce avec « un certain panache[6] ». Il participe aussi aux travaux de la Fraternelle de la gendarmerie « les amis de Moncey[7]. »

---

4. Général de corps d’armée de gendarmerie (2S) Philippe Mazy, « Hommage au colonel Arnaud Beltrame », discours prononcé lors de la cérémonie en hommage à l’officier le 19 avril 2018 au Grand Temple *Pierre Brossolette* à Paris.
5. Jean Guisnel, « Le tabou des frères militaires », *Le point*, 22 janvier 2009.
6. *Entretien avec deux amis francs-maçons d’Arnaud Beltrame*, Paris, 29 juin 2018.
7. La Fraternelle de la gendarmerie *Les amis de Moncey* regroupe les maîtres maçons de toutes les obédiences maçonniques ayant un lien juridique avec la gendarmerie. Le général Mazy en est le président depuis 2016. Le maréchal Bon-Adrien Jeannot de Moncey (1754-1842) est un officier des campagnes de l’Ancien Régime, de la République et de l’Empire. Seul officier de gendarmerie devenu maréchal de France, il refuse de présider le Conseil de guerre devant juger le maréchal Ney après Waterloo. Il était franc-maçon comme la plupart des maréchaux et des officiers généraux de Napoléon 1er.

Lorsqu'il est muté en Normandie, Arnaud Beltrame est moins présent aux tenues de sa loge. Afin de compenser ses absences, il organise une « très belle Saint-Jean d'été encore dans les mémoires de tous ses Frères, au mont Saint-Michel, avec une ouverture particulière après 18 heures et la participation d'un conférencier de grand renom[8]. »

Pour ses amis francs-maçons, Arnaud Beltrame est un « cherchant en quête d'idéal et de sens qui est étonné par les mystères de la vie ». Il n'est pas en franc-maçonnerie pour intriguer, se créer ou intégrer un réseau. Pas du tout. En revanche, il aime y nouer des liens d'amitié et appartenir à une forme de « famille » comme l'est pour lui la « famille gendarmerie ». Humainement, il est apprécié par tous. « Il a le cœur sur la main, toujours prêt à faire le bien pour ses frères. » Eux aussi se souviennent de phrases fétiches d'Arnaud Beltrame qui traduisent son envie d'aller de l'avant toujours et d'emmener les autres plus haut. Elles résonnent encore à leurs oreilles : « Maintenant, on y va ! » clame-t-il souvent accompagné d'un « qui m'aime me suive ! » Maçon assidu, il s'intéresse au symbolisme et aux origines de la franc-maçonnerie : Temple de Salomon, compagnons du Moyen Âge, chevalerie des croisades. En 2014, l'un de ses derniers travaux maçonniques est consacré à la filiation entre l'ordre du Temple et la maçonnerie. Pour lui, il ne voit aucune incompatibilité entre son appartenance à la maçonnerie et sa conversion au catholicisme

8. Général de corps d'armée de gendarmerie (2S), Philippe Mazy, « Hommage au colonel Arnaud Beltrame », *op. cit.*, La Saint-Jean d'été est la réunion des membres d'une loge et de leurs familles pour une journée conviviale et culturelle.

qu'il ne cache d'ailleurs pas à ses frères maçons. En revanche, tenu par le secret, il n'évoque pas cette double affiliation aux hommes d'Église et à ses frères dans la foi catholique.

L'abbaye de Timadeuc et la première conversion d'Arnaud Beltrame

Nichée au creux des bois de l'ancienne vicomté de Rohan, l'abbaye de Timadeuc est une fondation du XIXe siècle (1841). Rattachée à l'ordre cistercien de la stricte observance, l'abbaye est une « fille » de l'abbaye de la Trappe située dans le département de l'Orne. C'est pourquoi l'on nomme aussi les cisterciens, « trappistes ». L'histoire de Timadeuc est courte, au regard de la date de fondation de beaucoup d'abbayes en France, mais riche en événements singuliers : construite dans les années 1840 (avec les pierres de l'ancien château des Rohan), incendiée en 1863, l'abbaye manque de disparaître au moment de la persécution anticléricale de la IIIe république. C'est grâce à l'intervention de dom Chautard (abbé de l'abbaye de Sept-Fons) auprès de Clemenceau que les trappistes ne sont pas expulsés de France comme les chartreux et les bénédictins[9]. Pendant la deuxième guerre mondiale, l'abbaye de Timadeuc est l'un des premiers centres la Résistance en Bretagne. Dès 1940, avec l'autorisation du père abbé, dom Dominique Nogues, le cellérier, le R.P. Guénaël Thomas, organise

9. On lira de dom Chautard l'ouvrage qui a formé des générations de militants catholiques : *L'âme de tout apostolat,* paru en 1907 et souvent réédité depuis.

l'accueil des aviateurs alliés abattus en Bretagne avant de les exfiltrer vers l'Angleterre[10]. À l'abbaye, on fabrique des faux papiers, on cache des armes et il y a même un stand de tir souterrain pour que les jeunes maquisards se familiarisent avec les mitraillettes Sten parachutées ! Mais, au bout de quelques mois d'activités clandestines, une dénonciation vient détruire l'organisation du père Gwénaël. Le 14 juin 1943, lundi de Pentecôte, l'abbaye est fouillée par la Gestapo et le R.P. Gwénaël arrêté. Conduit à la prison Jacques Cartier de Rennes, torturé, il est déporté et meurt d'épuisement et de mauvais traitements en janvier 1945 au sinistre camp de Neuengamme près de Hambourg. Il avait 45 ans. L'arrestation de leur frère trappiste ne stoppe pas l'action des moines qui continuent à cacher les aviateurs alliés et aider les maquis jusqu'à la Libération. Ces actes héroïques valent à Timadeuc d'être décoré de la médaille de la Résistance en 1946.

Un an plus tôt, un jeune homme de 21 ans originaire du Cloître-Pleyben (Finistère), Marc Le Menn, est entré à Timadeuc et a fait don de sa vie à Dieu. Profès solennel en 1951, ordonné prêtre en 1952, frère Marc assure les charges de portier, d'infirmier et d'hôtelier. Il est une figure de l'abbaye pendant des dizaines d'années. Les moines de Timadeuc sont héritiers de la tradition bénédictine. Pour eux, l'accueil est un marqueur

10. En Bretagne, plusieurs réseaux d'évasion d'aviateurs sont actifs. L'un des plus importants est celui de la vicomtesse Gabriel de Nanteuil : le réseau d'évasion vannetais. Voir notre ouvrage *Agnès de Nanteuil, une vie offerte*, Artège, Perpignan, 2012. Pour une vue d'ensemble sur le département, voir Archives départementales du Morbihan, *Le Morbihan en guerre 1939-1945*, Lorient, 2009.

de leur identité depuis toujours. Nombreux sont les hommes et les femmes en souffrance ou en quête de sens qui viennent frapper à la lourde porte de l'abbaye. En 2006, Arnaud Beltrame est de ceux-ci. Après une période professionnelle et conjugale difficile, l'officier de gendarmerie vient se poser et se ressourcer à Timadeuc. Il vient chercher un peu de calme et de sérénité au sein de l'abbaye bretonne. C'est le frère Marc, vénérable vieillard de 81 ans qui accueille l'officier de 33 ans. Le courant passe bien entre les deux hommes, et frère Marc devient assez vite le père spirituel d'Arnaud Beltrame. L'officier veut comprendre : la foi, l'espérance, la charité. Il bombarde le moine de questions, passe des heures en discussions et circonvolutions. À force, Arnaud reçoit un autre flambeau, celui de la « foi de ses vieux pères », comme le proclame l'ancien cantique populaire breton *Da feiz hon tadou kozh*. L'officier trouve en Timadeuc un ancrage et c'est ici que commence son cheminement vers la foi catholique. Et puis, il est tellement fasciné par la chevalerie du Moyen Âge qu'il ne peut qu'être attiré par cet ordre cistercien qui remonte à la première croisade.

Frère Marc, tout en délicatesse, n'impose rien, mais rappelle les vérités de l'Église à l'officier qui cherche sa voie. À Timadeuc, Arnaud est séduit par la règle des moines, leur discipline, leur charité. Le don total de ces hommes à leur Dieu a un sens pour l'officier épris d'idéal. « C'est comme si cette foi nouvelle donnait une nouvelle dimension à sa vocation militaire », se souvient le père abbé Benoît Briand[11]. C'est ici qu'il

11. *Entretien avec le R.P. Benoît Briand*, Bréhan, 19 mai 2018.

demande d'être préparé à la première communion et au sacrement de confirmation qui doit faire de lui un « soldat du Christ ». Arnaud Beltrame entreprend alors une formation au catéchuménat et reçoit les deux sacrements le 26 avril 2009 en l'église Saint-Paul de Nanterre par Mgr Nicolas Brouwet, évêque auxiliaire de Nanterre[12]. Arnaud Beltrame ne quitte jamais Timadeuc sans une bénédiction de frère Marc avant de partir affronter le monde. En septembre 2013, frère Marc « rejoint la maison du Père ». Très affecté, Arnaud Beltrame revient souvent sur la tombe de celui qui a été l'instrument de sa conversion.

Deux autres frères de l'abbaye, frère Laurent et frère Étienne, prennent le relais amical de frère Marc et deviennent des proches d'Arnaud : « Sa piété était toute simple, populaire », raconte frère Laurent, l'un de ses confidents à l'abbaye après la mort de frère Marc. « À la librairie, il achetait des neuvaines, des petits livres de prières, des bougies, mais pas de grands ouvrages de théologie. Ses connaissances catéchétiques étaient inférieures à sa culture intellectuelle brillante. Cependant, de par son métier de gendarme, il avait de plus en plus conscience du mal et du démon en ce monde. Il nous en parlait de plus en plus souvent[13]. » Les moines sont impressionnés par la piété de leur ami : « Il assistait à tous les offices quand il était à Timadeuc. Tout dans sa posture reflétait son âme : au plus près de l'autel, le corps droit, les mains jointes, l'on sentait la profondeur

---

12. Mgr Nicolas Brouwet est alors le plus jeune évêque de France. Depuis 2012, il est évêque de Tarbes et Lourdes.
13. *Entretien avec le frère Laurent et le frère Étienne,* Bréhan, 19 mai 2018.

de ses sentiments. Il était si attaché à Timadeuc que c'était un peu sa deuxième maison. » Arnaud Beltrame aime aussi aller de temps en temps à Malestroit (à vingt kilomètres de Trédion) chez les Augustines hospitalières. La figure rayonnante de mère Yvonne-Aimée Beauvais (1901-1951), mystique douée du don de bilocation et grande résistante bretonne, ne le laisse pas indifférent.

L'officier vient préparer le concours de l'École de guerre à Timadeuc. Ici, il peut s'isoler et travailler dans le silence. Le R.P. Benoît se souvient : « Il voulait vraiment réussir ce concours difficile. Il avait même pris un coach personnel. Il travaillait énormément[14]. » Le gendarme Beltrame est ambitieux ; il veut assumer de grandes responsabilités pour le bien commun. « Il y a du bien à faire là-haut ! » aime-t-il à répéter aux moines. À sa mère, il est encore plus direct lorsqu'il déclame : « Maman, je veux être général, je sens que j'ai une mission à accomplir ! » Le père Benoît complète : « Il ne s'agissait pas chez Arnaud Beltrame d'orgueil ou de volonté déplacée d'écraser les autres. Il pensait vraiment pouvoir être utile en étant dans les hautes sphères. Il avait une ambition presque enfantine. Ce n'était en aucun cas un opportuniste. Il avait cette simplicité désarmante qui attirait de suite la sympathie[15]. »

Admissible au concours, Arnaud Beltrame ne parvient pas à passer le cap de l'oral et échoue trois fois. Cassé moralement, physiquement ébranlé, il ne comprend pas cet échec. Persuadé que Dieu était avec lui,

14. *Entretien avec le R.P. Benoît Briand*, Bréhan, 19 mai 2018.
15. *Ibid.*

qu'il ne pouvait pas lui refuser la réussite, que son travail devait lui donner le succès, il se sent brutalement abandonné, perdu, sans ressource. Pendant un temps, il n'ose même plus se représenter à Timadeuc, se sentant honteux de cet échec. Et puis, un jour, il repousse la porte de l'abbaye et vient retrouver ses amis. Aux moines qui l'accueillent, il se confie : « Mais qu'est-ce qu'il veut, le Seigneur [16]? je ne comprends plus ! » Frère Laurent tente le tout pour le tout : « Et si le Seigneur voulait pour toi le plus haut service ? Nous rejoindrais-tu Arnaud ? t'es-tu déjà posé la question de la vocation ? » L'officier répond sans détour : « Oh non, frère, ce n'est pas pour moi, j'aime trop mon métier et mes hommes pour me couper du monde ! »

Arnaud Beltrame aime parler de Dieu avec ses amis, toujours pour comprendre. Tom, le vieux camarade, a aussi connu une conversion spirituelle. En retraite, par l'entremise d'un camarade, il s'est engagé un temps auprès des jeunes en équipes de travail (JET), association fondée par l'amiral Christian Brac de La Perrière, afin d'offrir une seconde chance aux jeunes détenus[17]. Puis, Tom découvre l'abbaye bénédictine du Barroux (Vaucluse) où il aime se rendre régulièrement. Il trouve là un équilibre et des réponses à ses questions. Avec

16. *Entretien avec le Fr Laurent et le Fr Étienne,* Bréhan, 19 mai 2018. le reste des citations est issu de cet entretien.

17. Christian Brac de La Perrière (1926-2017), promotion 1945 de l'École navale, sert en Indochine et en Algérie. Commandant du porte-hélicoptères *Jeanne d'Arc (1973-1975),* il est préfet maritime de Brest de 1981 à 1984. Il fonde les JET en 1986 qui accueillent plusieurs milliers de détenus sous la tutelle des ministères de la Défense et de la Justice. L'association fonctionne dix-sept ans avec des résultats certains mais mitigés.

Arnaud, ils aiment toujours autant se retrouver pour des raids en montagne, des balades en campagne et désormais des pèlerinages. En 2013, alors qu'Arnaud Beltrame commande à Avranches, ils vont prier saint Michel, « ange des paras », en son sanctuaire. Deux ans plus tard, ils se recueillent à Lourdes et vont brûler des cierges devant l'Immaculée. Tom, c'est l'ami, le mentor, le frère d'arme et le frère tout court. Il y a cette anecdote que Tom a racontée : « Après l'échec à l'École de guerre, je lui ai dit : Ce n'est pas si grave Arnaud, tu as déjà une belle carrière et elle n'est pas finie, crois-moi. Tu es jeune, tu iras encore bien plus loin et tu verras, tu ne seras peut-être pas général, mais on se souviendra de toi et ton nom sera donné à des rues et à des places [18] ! » Avec son amie la journaliste Stéphanie Vinot, ils aiment prier dans les églises de Normandie où, quand Arnaud retourne à Paris au ministère, à la cathédrale de Nanterre dédiée à sainte Geneviève, patronne des gendarmes et de Paris, et à saint Maurice, officier romain ayant préféré la mort pour sa foi plutôt que de sacrifier aux faux dieux. « Cette cathédrale devient l'un de ses "lieux-source" (…) en raison de sainte Geneviève et aussi et parce que c'est un lieu magnifique avec ses fresques d'inspiration byzantine. Un lieu apaisant au milieu de la grande banlieue parisienne que j'ai apprécié de découvrir à ses côtés », rapporte Stéphanie Vinot[19]. L'un et l'autre se soutiennent et avancent dans la connaissance de soi, de l'autre et de Dieu.

---

18. *Entretien avec Patrick « Tom » Thomassin*, Momères, 11 mai 2018.
19. *Témoignage de Stéphanie Vinot*, 13 août 2018.

Du 26 au 31 août 2013, conseillé par une autre amie, Arnaud Beltrame s'inscrit à une retraite selon les exercices spirituels de saint Ignace de Loyola. Il suit cette retraite avec les coopérateurs paroissiaux du Christ Roi (CPCR) à la maison Notre-Dame de Fatima à Bieuzy-Lanvaux en Pluvigner à quelques kilomètres de Sainte-Anne d'Auray. Curieuse idée pour certains que de suivre une dévotion quadricentenaire en dehors du monde bien loin des problématiques des contemporains. Au contraire, c'est pour Arnaud encore un moyen de revenir à l'essentiel, à ce qu'il veut faire de sa vie loin des trépidations du quotidien. Et puis, n'oublions pas qu'Arnaud est un homme ouvert d'esprit qui aime écouter et fait confiance à ses amis pour chercher le bien, le beau, le vrai. Concernant sa méthode, saint Ignace écrit : « Par ce mot *Exercices spirituels*, on entend toute manière d'examiner sa conscience, de méditer, de contempler, de prier vocalement et mentalement[20]. » À l'origine, les *Exercices* durent trente jours. Mais devant les évolutions du monde moderne, un jésuite catalan, François de Paule Vallet (1883-1947), les concentre en cinq jours pour les offrir au plus grand nombre des catholiques. Les *Exercices* ainsi remaniés connaissent un succès extraordinaire sur tous les continents. Le P. Vallet quitte alors la Compagnie de Jésus pour se consacrer à sa nouvelle œuvre et crée les coopérateurs paroissiaux du Christ Roi entièrement dédiés à la prédication des retraites. Arnaud Beltrame suit donc

20. *Livre de prières, de chants et d'exercices spirituels de saint Ignace de Loyola utilisé dans les retraites données selon l'esprit et les normes du T.R.P. François de Paule Vallet*, 2e édition, s. l., Presse des exercices, 1980, p. 340.

cette première retraite dans l'une des deux maisons des CPCR en France. L'organisation et l'emploi du temps d'une retraite sur cinq jours sont très normés, presque militaires, non mixtes, mais il ne faut pas oublier que le fondateur des *Exercices* est un ancien officier. Lever à 6h30, prières, quatre méditations par jour, messe, chapelet, chemin de croix, plusieurs instructions, rendez-vous quotidien avec un prêtre, confession normale ou générale, et le tout dans le « grand silence », c'est-à-dire sans aucune parole échangée avec les autres retraitants. Autant dire que pour le non-pratiquant régulier, ce n'est pas facile. Pendant ces cinq jours, le retraitant approfondit sa foi par l'examen de conscience et les instructions sur le péché, les fins dernières, le mal, l'enfer, la damnation, mais aussi la vie terrestre du Christ, sa Passion, sa Résurrection et le rôle de la Vierge Marie et de l'Église dans la Rédemption. Arnaud Beltrame sort heureux de ces cinq jours. Sur le livre d'or des retraitants, il écrit :

> *J'ai compris que l'essentiel n'est pas de « ressentir », mais de construire sa vie avec la lumière de Dieu, quoi qu'il en coûte. J'ai compris aussi qu'il est important de discerner et de faire la chasse aux passions désordonnées. La seule présence ici des religieux et des religieuses est un beau témoignage. Que vais-je faire? Je vais essayer de faire connaître les Exercices, d'amener deux personnes à la retraite. Je repars avec l'essentiel : la méthode, l'esprit et l'amour. Merci à tous mes compagnons de retraite : nous gardons le silence, mais chacun*

porte témoignage par son comportement. Un officier de gendarmerie[21].

Un jour à Timadeuc, alors qu'il discute avec frère Étienne, ils en viennent à évoquer la franc-maçonnerie. Le moine lui apprend la position de l'Église et lui explique l'incompatibilité entre les deux appartenances. Arnaud Beltrame s'écrit alors : « Mais, frère Étienne, il y a aussi des chrétiens dans la franc-maçonnerie ! »

Maçonnerie et catholicisme

La question concernant la double appartenance du lieutenant-colonel Arnaud Beltrame à la franc-maçonnerie et à l'Église catholique suscite un certain nombre de questions, de déclarations et d'articles de presse sur le sujet. C'est à la demande de sa mère et de son frère que l'appartenance d'Arnaud Beltrame à la franc-maçonnerie est rendue publique par un communiqué de presse de Philippe Charuel, grand maître de la Grande Loge de France en date du 24 mars 2018 moins de vingt-quatre heures après sa mort. Le même jour, le père Jean-Baptiste Golfier, qui l'a accompagné sur son lit de mort, témoigne de sa proximité avec son couple depuis ces dernières années et confirme la ferveur catholique de l'officier[22]. Aussitôt, la polémique a

21. *Marchons,* n° 816, novembre-décembre 2013, p. 23.
22. Jacques Pezet, « Les loges maçonniques ont-elles pour habitude d'outer leurs ouailles après un décès, comme ce fut le cas pour Arnaud Beltrame ? » *Libération, Checknews.fr,* 28 mars 2018 ; et père Jean-Baptiste, « Témoignage du père Jean-Baptiste sur Arnaud

enflé sur la double appartenance d'Arnaud Beltrame à la franc-maçonnerie et à l'Église catholique. Le journaliste Jean-Marie Guénois, dans *Le Figaro,* a été le premier à poser sérieusement les éléments du débat et à retracer le parcours spirituel d'Arnaud Beltrame[23].

D'après la Grande Loge de France à laquelle appartient donc Arnaud Beltrame depuis 2008, il n'y a aucune incompatibilité à être chrétien et franc-maçon. « Il était très chrétien, assure Philippe Charuel, et même catholique pratiquant. Il voyait une complémentarité avec son engagement maçon[24]. » Les conclusions du débat ne sont pourtant pas si évidentes si l'on regarde les faits et les documents. En France, la franc-maçonnerie est constituée de plusieurs obédiences dont les principales sont le Grand Orient de France (GODF), la Grande Loge de France (GLDF) et la Grande Loge nationale française (GLNF). Des Lumières du XVIIIe siècle à la première guerre mondiale, la guerre est terrible et sans relâche entre la franc-maçonnerie et l'Église catholique mêlant luttes d'influence et déclarations incendiaires de part et d'autre. Que l'on songe par exemple au rôle des loges dans la préparation de la Révolution, ou au « Scandale des fiches » (1901-1904) quand le général Louis André, ministre de la Guerre et franc-maçon, met en fiches avec l'aide des loges les convictions politiques et religieuses des officiers français pour contrôler

---

Beltrame », site Internet du diocèse de Carcassonne et Narbonne, 24 mars 2018.

23. Jean-Marie Guénois, « Entre franc-maçonnerie et Église catholique, le fervent parcours spirituel d'Arnaud Beltrame », *Le Figaro,* 27 mars 2018.

24. Cité par Jean-Marie Guénois, *op. cit.*

leur avancement[25]. Il est un fait également que la plupart des lois anticléricales des républiques opportunistes et radicales sont inspirées et rédigées par des francs-maçons jusqu'à la loi de séparation des Églises et de l'État (1905). Avec la première guerre mondiale, l'Union sacrée apaise pendant un temps les contentieux qui reprennent de plus belle l'armistice une fois signé.

La Grande Loge de France, à la différence du GODF qui a supprimé cette obligation en 1877, travaille « À la Gloire du Grand Architecte de l'Univers », il s'agit une loge déiste[26] ; c'est-à-dire que, même si elle reçoit dans ses rangs croyants de toutes religions et non-croyants, elle affirme la nécessité d'accepter l'existence d'un « principe créateur. » Donc, pour les amis maçons d'Arnaud Beltrame, membres de cette obédience, la question de la double appartenance est un faux débat.

Pour l'Église catholique, la position est toute différente. De Clément XII (1738) à aujourd'hui, les déclarations des papes sont sans appel, la double appartenance n'est pas possible pour un catholique sous peine d'excommunication. Depuis sa création, les textes pontificaux reprochent à la franc-maçonnerie plusieurs points dont les maçons s'enorgueillissent justement :

---

25. Sur le rôle des loges dans la Révolution, voir François Furet, *Penser la Révolution française*, Gallimard, Paris, 1978 et 1983, et particulièrement sa lecture de l'historien et sociologue Augustin Cochin (1876-1916), précurseur de la sociologie historique. Les œuvres de Cochin viennent d'être rééditées par Denis Sureau sous le titre, *La machine révolutionnaire*, Tallandier, Paris, 2018.
26. Pour une vision synthétique sur la franc-maçonnerie, on lira avec intérêt l'ouvrage très souvent réédité de Paul Naudon, *La franc-maçonnerie*, collection « Que sais-je ? », PUF, Paris, 1982 (pour l'édition consultée) et du même auteur, *Histoire générale de la franc-maçonnerie*, Office du livre, Paris, 1987.

premièrement le fait de réunir des hommes de toutes les religions dans une certaine forme de syncrétisme interconfessionnel ; deuxièmement l'existence d'un secret qui entoure les réunions maçonniques ; enfin de vouloir détruire les sociétés chrétiennes et les gouvernements légitimes au nom des Droits de l'homme contre le décalogue[27]. Plus fondamentalement l'Église critique l'ambition d'une construction personnelle et sociétale, de l'homme par l'homme. Les encycliques des papes utilisent des mots très forts contre la franc-maçonnerie qualifiée de « secte », de « société perverse », « d'association criminelle ». Léon XIII la qualifie même de « personnification permanente de la Révolution ». Durant tout le XIXe siècle et la première partie du XXe siècle, plus d'une trentaine d'encycliques, lettres apostoliques, décrets, déclarations papales confirment la condamnation originelle jusqu'à la *Déclaration de la Sacrée Congrégation pour la doctrine de la Foi sur les associations maçonniques* du 26 novembre 1983 qui affirme que « Le jugement négatif de l'Église sur la franc-maçonnerie demeure donc inchangé parce que ses principes ont toujours été considérés comme incompatibles avec la doctrine de l'Église ; c'est pourquoi il reste interdit par l'Église de s'y inscrire. Les catholiques qui font partie de la franc-maçonnerie sont en état de péché grave et ne peuvent s'approcher de la sainte communion[28]. » Le texte est signé du cardinal Joseph Ratzinger, futur Benoît XVI. Quant au pape François, il s'est prononcé

27. Voir *Les enseignements originaux des papes sur la franc-maçonnerie de 1717 à nos jours*, Paris, Téqui, 1998 et Angela Pellicciari, *Les papes et la franc-maçonnerie, une opposition séculaire*, Artège, Perpignan, 2017.
28. *Les enseignements originaux des papes…*, *op. cit.*, p. 309.

plusieurs fois contre la franc-maçonnerie comme dans l'avion du retour des Journées mondiales de la jeunesse (JMJ) de Rio (2013), lors de sa visite apostolique à Turin (2015) et en refusant un ambassadeur libanais franc-maçon près le Saint-Siège (2017).

Dans les années 2008-2009, au moment de sa conversion et de son initiation, il est fort probable qu'Arnaud Beltrame ignore complètement ces polémiques. Plus tard, il n'a pas plus conscience du problème et il s'ouvre très peu de son appartenance à la maçonnerie sauf aux initiés et à quelques amis. Le père Jean-Baptiste qui est le prêtre qui le connaît le mieux à partir de 2016 avoue lui-même qu'Arnaud Beltrame ne lui en a jamais parlé, ni aux pères de Timadeuc d'ailleurs. D'après ses amis maçons, il n'a jamais démissionné de la loge *Jérôme Bonaparte* de Rueil-Malmaison et revient aux tenues quand les circonstances le lui permettent. Enfin Arnaud Beltrame est un homme entier, fidèle en amitié. Jamais il ne lui serait venu à l'idée de tourner ainsi le dos aussi radicalement à sa famille maçonnique [29].

La rencontre avec Marielle Vandenbunder

À l'été 2015, comme chaque année, Arnaud vient se ressourcer en Bretagne, loin du stress de la capitale. À Trédion et à Timadeuc, il est chez lui, détendu, heureux. Pendant ses permissions, pour la procession du

29. Installé dans l'Aude, il n'aura aucun contact avec une quelconque loge de Carcassonne d'après son épouse et ses frères de la loge *Jérôme Bonaparte* malgré ce qui a pu être écrit dans la presse.

15 août, il décide d'aller prier au sanctuaire de Sainte-Anne d'Auray, lieu d'apparition de la mère de la Sainte Vierge à Yvon Nicolazic au XVIIe siècle. Invité à porter la croix de procession, il demande à Marie de le mener à la rencontre d'une épouse selon son cœur et sa foi. Dans le cadre de cette prière, il part en pèlerinage à San Damiano au nord de l'Italie (diocèse de Plaisance), lieu récent de possibles apparitions mariales (non encore reconnues cependant) et enfin à son retour, reprend un tronçon du chemin de Saint-Jacques-de-Compostelle pour renouveler sa prière de trouver la femme de sa vie. Après ces vacances pèlerines, reposé et dynamisé, Arnaud Beltrame reprend le chemin de son bureau à La Défense. Quelques semaines plus tard, il rencontre Marielle Vandenbunder, jeune vétérinaire à la réserve africaine de Sigean (Aude). Originaire de Marcq-en-Barœul dans le Nord, la jeune femme a aussi connu une conversion à l'âge adulte : « J'ai été baptisée vers un an et enfant je suis allée au catéchisme jusqu'à la profession de foi puis j'ai cessé toute pratique, ma foi n'étant restée qu'au stade d'un enseignement reçu et non vécu. Plus tard, grâce à des amis en classes préparatoires, je me suis posé des questions et j'ai redécouvert une foi plus réelle. J'ai demandé à être confirmée en 2000 », raconte-t-elle[30]. Très engagée, Marielle Vandenbunder est membre pendant plusieurs années de l'association À bras ouverts fondée par Tugdual Derville en 1986. Cette association invite les jeunes chrétiens à donner de leur temps le week-end et pendant les vacances à

30. *Entretiens avec Marielle Beltrame*, Ferrals-les-Corbières, 12 juillet 2018.

d'autres jeunes en situation de handicap (IMC, trisomiques). Elle est également bénévole dans une autre association accompagnant des personnes porteuses du VIH où elle fait de l'initiation au piano.

Entre les deux jeunes gens, le coup de foudre est réciproque. Plus tard, ils se revoient et se découvrent : « Arnaud disait souvent que nous avions énormément de chance par l'étendue de nos points communs : foi partagée, goût pour le silence et les abbayes, goût pour la nature, la randonnée (goût de l'effort, plaisir devant les beaux paysages, goût pour la simplicité et la rusticité associées à la randonnée), la vie à la campagne, les grands espaces, les animaux, la musique bretonne, la visite de monuments, voyager simplement. Ce qui nous a rapprochés aussi intérieurement : le désir de construire un couple solide et aimant, l'attention mutuelle de progresser l'un envers l'autre, le fait de vivre chacun un métier passion. » Arnaud Beltrame, amoureux fou, partage sa joie avec sa famille et ses amis : les pères de Timadeuc, Tom, Stéphanie Vinot, Marc Stoltz, ses amis du ministère. « Mon cœur d'amie et de femme était heureux. Par cet amour mutuel, je voyais naître un nouvel Arnaud », s'enthousiasme Stéphanie Vinot[31]. Les choses vont alors très vite, car Arnaud Beltrame est un homme pressé. La première chose à entreprendre est de demander à l'Église de reconnaître la nullité de son premier mariage religieux, sans quoi rien n'est possible. Arnaud Beltrame constitue un dossier argumenté qu'il présente à l'officialité interdiocésaine de la province de Rennes. Lors des fêtes pascales de

31. *Entretien téléphonique avec Stéphanie Vinot*, 22 juin 2018.

2016, le père abbé de Timadeuc fiance les jeunes gens à l'oratoire Saint-Bernard. Le père Benoît se souvient : « Ils avaient tous les deux bien préparé leurs fiançailles, cérémonie aujourd'hui tombée en désuétude sauf dans les milieux catholiques pratiquants. Arnaud revenait à Dieu et à l'Église. Homme de loi, il voulait que tout soit dans les règles pour son mariage avec Marielle[32]. » Le 27 août 2016, Arnaud Beltrame épouse civilement Marielle Vandenbunder en la mairie de Vinassan dans l'Aude.

Cette même année, le lieutenant-colonel de gendarmerie Beltrame (nouvellement promu) demande sa mutation hors tour (en avance d'une année) pour « convenances personnelles » afin de se rapprocher de Marielle. Sa demande de mutation acceptée, il est affecté au groupement de gendarmerie départementale de l'Aude à Carcassonne. Son ami Marc Stoltz écrit : « avant Marielle, Arnaud déclarait : "la patrie d'abord, la famille après" ; après cette rencontre, ses priorités avaient changé, Marielle, c'est l'équilibre qu'il cherchait depuis toujours ». À l'été 2017, il quitte le ministère pour une nouvelle vie, absolument enchanté de retrouver le terrain en gendarmerie.

32. *Entretien avec le R.P. Benoît Briand*, Bréhan, 19 mai 2018.

Carcassonne

« Dieu d'Amour, de Justice et de Paix,
entends la prière que j'élève vers toi :
je suis gendarme, et je veux être chrétien… »
Prière du gendarme

« Je m'adresse à vous, mon Dieu
Car vous donnez
Ce qu'on ne peut obtenir que de soi… »
Prière du parachutiste

Les huit derniers mois de la vie du lieutenant-colonel Arnaud Beltrame sont riches et intenses. Tous « les voyants sont au vert » pour l'officier : le retour sur le terrain dans une région qu'il découvre et qui lui plaît par sa géographie et son histoire, l'opportunité d'intégrer la scolarité de l'École de guerre grâce à MBA, l'approfondissement de sa foi catholique qui l'émerveille de jour en jour et opère en lui une deuxième conversion, la fidélité de ses bons amis et surtout l'amour de la femme de sa vie.

N° 3 dans l'Aude

Le jeune lieutenant-colonel qui arrive au groupement de gendarmerie de l'Aude à Carcassonne comme officier adjoint commandement (n° 3 dans l'ordre hiérarchique) s'attire aussitôt la confiance et la sympathie de ses chefs et de ses subordonnés. Le colonel Sébastien Gay qui commande le groupement était avec Arnaud Beltrame en « prépa Cyr » en 1992. « La formation, les compétences et l'expérience d'Arnaud le prédisposaient pour occuper le poste d'OAC qui, pour moi, est l'officier opération instruction du groupement. (…) J'ai retrouvé quasiment le même Arnaud, avec une énergie débordante, un enthousiasme contagieux. À part quelques rides, il avait à peine changé[1]. » Le colonel Gay est donc comblé de retrouver un ami et d'avoir comme adjoint un collaborateur de valeur avec lequel il est sur la même ligne dans le domaine professionnel. Ce sont aussi tous les deux de grands sportifs. Le lieutenant-colonel Dominique Brajon, adjoint du colonel Gay, complète : « C'est un officier charismatique qui arrive et ne laisse personne indifférent. Il redonne un véritable dynamisme à l'équipe de commandement. » Enfin, ses subordonnés ne tarissent pas d'éloge sur leur nouveau chef : « Vif, énergique, jamais fatigué, il a dix idées à la minute ! » dit de lui le lieutenant Stéphanie Cazajous tandis que le maréchal des logis-chef Nizar Khedhri évoque « un chef très sociable, simple, abordable, fédérateur et capable de faire tomber les barrières des grades[2] ». Bref, un Arnaud Beltrame toujours fidèle à lui-même ! Le groupement de gendarmerie

1. Capitaine Céline Morin, « Un officier dévoué aux autres et à la patrie », *Gend'Info*, n° 403, avril-mai 2018, p. 16.
2. *Entretien avec le lieutenant-colonel Dominique Brajon, le lieutenant Stéphanie Cazajous et le maréchal des logis-chef Nizar Khedhri*, Carcassonne, 12 juillet 2018.

départementale de l'Aude comprend 570 hommes et femmes en trois compagnies (Limoux, Narbonne et Carcassonne) et 33 brigades auxquelles s'ajoutent un escadron départemental de sécurité routière et une brigade rapide d'intervention. Il assure la protection et la sécurité de plus de 235 000 personnes en zone rurale (435 communes) excepté les villes de Carcassonne et de Narbonne.

La mission de l'officier adjoint commandement (OAC) est de se charger de l'ensemble des dossiers gendarmerie à caractère opérationnel du département : événements sportifs, gestion de l'ordre public, rave party, dispositif estival sur la côte avec les renforts de la gendarmerie mobile, préparation des visites ministérielles et bien d'autres choses encore. À ce titre, c'est également à lui qu'incombe l'instruction des personnels du groupement. Son poste lui impose enfin une permanence opérationnelle selon un régime d'astreinte programmé. Souvent, le commandant de groupement peut désigner à cet officier d'autres fonctions quand il manque un officier de police judiciaire par exemple. Il est aussi l'interlocuteur privilégié auprès des services de l'État et des collectivités territoriales. C'est en quelque sorte le « couteau suisse » de l'état-major groupement. « Son poste ne prévoyait pas d'interactions particulières avec les élus et les commerçants, précise le lieutenant-colonel Brajon ; en revanche, il s'est impliqué dans les visites des unités et profitait de toutes les occasions pour aller à la rencontre des militaires et partager leur quotidien[3]. » Le lieutenant-colonel Beltrame est

3. *Message Internet* du 3 août 2018.

parfaitement à sa place dans ce poste opérationnel, sur le terrain et au centre de la communication avec les différents acteurs de l'État et des collectivités territoriales qu'il connaît bien déjà.

Se préparer

Lorsqu'Arnaud Beltrame arrive dans l'Aude, il souhaite expérimenter le projet VIGIE mis en forme avec le commandant (r) Cyrille F. dans le courant de l'année suivante. L'autre gros dossier dont il hérite est la préparation du groupement face à une potentielle attaque islamiste de type terroriste. Depuis 2012, la France vit au rythme des attentats djihadistes revendiqués par Al-Qaida puis par l'État islamique (Daech) : tueries de Toulouse et Montauban contre des militaires, puis attentat dans une école juive en 2012 ; attaques du commissariat de Joué-lès-Tours et voiture bélier dans les rues de Dijon et de Nantes en décembre 2014 ; massacre de la rédaction de *Charlie Hebdo*, fusillades de Fontenay-aux-Roses et de Montrouge, assassinat d'un chef d'entreprise à Saint-Quentin-Fallavier et d'une jeune femme à Villejuif, attaque dans le *Thalys*, au stade de France, au Bataclan et dans les rues de Paris en 2015 ; assassinat d'un couple de policiers à Magnanville, massacre de la Promenade des Anglais à Nice, assassinat du père Hamel à Saint-Étienne-du-Rouvray en 2016 ; attaques contre des militaires de l'opération *Sentinelle* au Carrousel du Louvre, à Orly et à Levallois-Perret, attaque meurtrière contre des CRS sur les Champs-Élysées, attaque au marteau contre des policiers à

Notre-Dame de Paris, attaque à la voiture-kamikaze de nouveau sur les Champs-Élysées, tentative d'attentat porte d'Auteuil, assassinat de deux jeunes femmes à la gare de Marseille en 2017 ; attaque contre des surveillants de prison au centre pénitentiaire de Vendin-le-Vieil en janvier 2018. Sans aucun doute, ainsi que le rappellent les gouvernants et les politiques, la menace islamiste fait désormais partie du quotidien en France, pays occidental le plus touché par les attentats avec près de 250 morts et des centaines de blessés depuis une dizaine d'années. Et puisque les mots ont un sens, il faut ici bien préciser que la France est en guerre non contre le terrorisme, mais contre le djihadisme, l'islamisme ou islam salafiste ou radical ou extrémiste, c'est selon. Comme le rappelle fort justement le colonel François-Régis Legrier, camarade d'Arnaud Beltrame au 8e RA, dans son dernier ouvrage : « Le terrorisme est un concept désignant un mode d'action, l'emploi de la terreur. Dans ces conditions, "lutter contre le terrorisme" ne veut rien dire. On combat un État, une organisation, mais pas un concept[4]. »

Le 19 avril 2016, après les attentats du 13 novembre de l'année précédente, le ministre de l'Intérieur de l'époque Bernard Cazeneuve, devant les membres des forces de sécurité, présente à la presse le schéma

4. François-Régis Legrier, *Si tu veux la paix, prépare la guerre, essai sur la guerre juste*, Paris, Via Romana, p. 122 *sq* qui ajoute : « Faire la guerre à un concept est une chose qui risque de durer longtemps. À cet égard, l'expression "lutter contre le terrorisme" est surtout révélatrice de l'incapacité à nommer l'ennemi et donc à l'affronter. On peut craindre que cette capitulation sémantique soit le prélude à une capitulation plus générale. »

national d'intervention « pour répondre aux besoins d'urgence et d'efficacité engendrés par une menace terroriste protéiforme[5] ». Simplification des procédures d'intervention sans critère de compétence, maillage des forces d'intervention (GIGN, RAID) dans les grandes villes de France, collaboration des forces d'intervention entre elles sous commandement unique en cas d'urgence absolue. « Le facteur temps est devenu l'élément déterminant pour limiter au maximum le nombre des victimes », martèle le ministre. À Carcassonne comme dans toute la France, la gendarmerie est sensibilisée à cette problématique depuis plusieurs mois déjà et des exercices ont déjà été réalisés : « Le groupement se prépare en effet à cette éventualité avec la mise en place d'un programme de formation, de fiches réflexes et d'exercices interservices en zones gendarmerie et police », souligne le colonel Gay, commandant du groupement de l'Aude[6]. C'est donc à son adjoint le lieutenant-colonel Beltrame qu'échoit le dossier « terrorisme » auquel il consacre dès lors une grande part de son énergie. Tous les groupements de gendarmerie de métropole et d'outre-mer s'entraînent dorénavant en appliquant ce schéma national d'intervention.

Arnaud Beltrame contacte alors les services de la préfecture, les différentes polices et le service départemental d'incendie et de secours (SDIS) ; par goût de l'opérationnel, il se rapproche également des pelotons de surveillance et d'intervention de la gendarmerie

5. Ministère de l'Intérieur, *Schéma national d'intervention*, 2016, p. 2.
6. Capitaine Céline Morin, « Un officier dévoué aux autres et à la patrie », *op. cit.*

(PSIG) et des unités de l'armée de terre, 4e régiment étranger de Castelnaudary et 3e régiment de parachutistes d'infanterie de marine de Carcassonne[7]. Il eût été impensable que l'officier parachutiste n'ait pas eu envie de travailler avec le « régiment Bigeard », l'un de ses modèles d'officier depuis plus de vingt ans. À cet effet, il contacte les équipes du groupement de commandos parachutistes du régiment. Avec eux, l'ancien chef de section à l'EPIGN, chuteur opérationnel, est en pays de connaissance. Aux paras du 3, il demande une collaboration avec les gendarmes afin qu'ils observent les modes d'intervention et proposent des améliorations possibles. Pour les gendarmes, ces temps d'échanges sont très constructifs.

À l'automne 2017, à peine arrivé au groupement, le lieutenant-colonel Beltrame prépare son exercice « terro » (pour terrorisme) pour la fin de l'année. Après reconnaissance des lieux et plusieurs semaines de préparation, l'ordre est rédigé et l'action est lancée : à 8 h 40 le mercredi 13 décembre 2017, « des coups de feu retentissent et des cris se font entendre dans l'ancien poste EDF de la rue Achille-Mir à Carcassonne. Une attaque terroriste vient de débuter. Une tuerie de masse dans un lieu confiné, c'est le scénario effroyable et tant redouté par les autorités auquel se sont pourtant préparés hier les gendarmes de l'Aude lors d'un exercice en conditions réelles[8] », décrit le reporter de

7. Il y a quatre PSIG dans l'Aude à Castelnaudary, Carcassonne, Limoux et Narbonne. Seul le PSIG de Narbonne est un PSIG *Sabre* plus lourdement armé.
8. Manuel QUILLIVIC, « Simulation d'attentat : Comment les gendarmes de Carcassonne se préparent à une attaque de masse »,

TV Carcassonne. Le thème est celui d'un massacre et d'une prise d'otages dans un centre commercial, puis du retranchement des terroristes dans différentes parties du bâtiment. Les primo-arrivants sont une brigade territoriale qui patrouillait dans le secteur, rapidement rejoints par le PSIG. Soixante gendarmes, vingt pompiers du SDIS de l'Aude, des moyens aériens (drone et hélicoptère) participent à l'exercice. La police nationale, le 3e RPIMa et le 4e RE sont présents comme observateurs. À la fin de la matinée (l'exercice a duré trois heures), le colonel Gay est satisfait : « on a fait un bel inventaire de ce qui pourrait être fait dans le département. On a une bonne idée des différents sites et je pense qu'on a un temps d'avance sur eux parce qu'on connaît mieux notre terrain que l'ennemi[9]. »

La notation annuelle du lieutenant-colonel Beltrame se ressent de cette satisfaction, ainsi que l'écrit son supérieur :

> *Affecté comme officier adjoint commandement du groupement de gendarmerie départementale de l'Aude depuis le 1er août 2017, le lieutenant-colonel Beltrame a su s'imposer très rapidement comme un collaborateur précieux du commandant de groupement.*
> *S'appuyant sur une expérience solide et diversifiée, il s'est approprié la fonction d'adjoint opérations avec un dynamisme qui lui permet d'emporter*

TV Carcassonne, 15 décembre 2017. http ://www.tvcarcassonne.com/?p=27563
9. *Ibid.*

l'adhésion des échelons subordonnés, s'impliquant spécialement dans le développement de la capacité de contre-terrorisme des unités de gendarmerie de l'Aude, dans une excellente synergie interservices. Il exerce avec aisance la permanence opérationnelle du niveau départemental, notamment dans le domaine des relations avec l'autorité préfectorale.

Réelle force de proposition pour le commandement, il fait preuve d'une grande loyauté tout en alliant discipline intellectuelle et ouverture d'esprit, sa formation de haut niveau en intelligence économique lui permettant d'élaborer des solutions innovantes comme le projet d'appropriation numérique territoriale développé dans le cadre de la Police de sécurité du quotidien. Remplissant les nouvelles conditions d'accès à l'enseignement supérieur du second degré au titre d'un MBA, il possède le potentiel pour réussir au concours.

Officier de valeur à suivre avec grand intérêt[10].

Le concours évoqué par le colonel Gay est celui de l'École de guerre. En effet, une réforme toute récente dans la gendarmerie datant du mois de novembre 2017 permet à l'officier supérieur titulaire d'un MBA ou d'un cycle d'études scientifiques et techniques d'obtenir les écrits par équivalence et de n'avoir que l'oral à préparer et à passer. C'est une chance inespérée pour Arnaud Beltrame qui s'en ouvre à tous ses amis dès qu'il a

10. *Bulletin de notation d'officier*, p. 2. Document communiqué par Marielle Beltrame.

connaissance du texte. Il peut donc retenter le concours pour lequel il a tant travaillé et espérer occuper à terme de « hautes responsabilités de cadre dirigeant de la gendarmerie, au sein de l'institution comme en interministériel ou au sein d'organismes internationaux[11]. »

L'abbaye de Lagrasse

L'abbaye Notre-Dame de Lagrasse, monument historique, se situe au cœur des Corbières à quelques dizaines de kilomètres de Carcassonne. Cette imposante abbaye, protégée en son temps par l'empereur Charlemagne, devient durant sa longue histoire l'une des plus riches et des plus puissantes du Sud de la France. À la Révolution, comme partout en France, les derniers moines sont spoliés et chassés de chez eux tandis que les bâtiments et les possessions sont vendus comme biens nationaux. L'abbaye étant devenue hôpital puis caserne de gendarmerie au XIXe siècle, la vie religieuse reprend à Lagrasse lorsque les chanoines réguliers de la Mère de Dieu s'y installent en 2004 avec le soutien de Mgr Jacques Depierre, alors évêque de Carcassonne. Ces chanoines ont été reconnus par le Saint-Siège comme « abbaye de droit pontifical » en 1997. Ils étaient alors dans le diocèse de Gap. Ils suivent la règle de saint Augustin selon l'équilibre entre la vie commune, la vie contemplative et la vie apostolique. Leur liturgie est traditionnelle selon le rite tridentin. Forte de 35

11. Direction générale de la gendarmerie nationale, Instruction relative à l'enseignement supérieur du deuxième degré, 30 novembre 2017 modifié le 18 mai 2018.

religieux (prêtres et frères), la communauté est sous la direction d'un père abbé crossé et mitré. Si la vie commune et la vie contemplative sont essentielles pour que les chanoines soient fidèles à leur vocation, l'apostolat auprès des laïcs est une partie de leur « cœur de métier » : célébration des sacrements, accueil de retraitants, de familles, de touristes à l'abbaye, conférences, récollections à l'extérieur, aumônerie de pèlerinage, de camp de jeunes et de scoutisme, préparation au mariage pour jeunes fiancés et accompagnement de groupes de couples pour les couples mariés font connaître leurs habits blancs bien au-delà du village de Lagrasse. En quinze ans, l'abbaye est devenue un lieu de rayonnement fécond dans le paysage catholique français. C'est donc ici, à Lagrasse, que les pas d'Arnaud et Marielle Beltrame les mènent le samedi 27 août 2016, en cette fin d'après-midi d'une belle journée d'été qui a vu la célébration de leur mariage civil à la mairie de Vinassan.

C'est alors qu'il se trouve dans la cour d'honneur de l'abbaye que le couple fait la connaissance du père Jean-Baptiste Golfier. Souriant, affable, simple d'abord, le chanoine Jean-Baptiste accueille avec chaleur les amoureux. Il est de la même génération qu'Arnaud et Marielle Beltrame, la sympathie est vite réciproque. À Lagrasse, le père Jean-Baptiste est un des spécialistes « mariage » et « couple » : ils ne pouvaient donc mieux tomber. De questions en réponses, ils échangent sur de nombreux sujets et se promettent de rester en contact. Le père Jean-Baptiste raconte : « Je me souviens d'un repas le 7 novembre 2016 où Arnaud m'avait invité au restaurant à Paris pour me raconter sa vie qu'il jugeait singulière, et il avait raison[12]. » Avec Marielle, l'officier approfondit sa foi de jour en jour, mais il a tant de questions dont il cherche les réponses qu'il lui faut un spécialiste. Le père Jean-Baptiste, avec lequel se crée une véritable amitié humaine et spirituelle, est l'instrument de cette providence. Arnaud Beltrame ne cache rien au père Jean-Baptiste de sa vie conjugale compliquée d'avant sa rencontre avec Marielle. Il lui évoque aussi la procédure de nullité engagée auprès de l'officialité interdiocésaine de la province de Rennes afin de pouvoir enfin épouser Marielle devant l'Église après l'avoir fait devant les hommes. C'est la raison pour laquelle Arnaud et Marielle demandent au père Jean-Baptiste de les préparer sérieusement au mariage catholique. Les trois derniers papes en particulier ont expliqué pourquoi cette préparation s'avère aujourd'hui indispensable pour les futurs époux chrétiens. Ainsi Benoît XVI écrit-il : « La préparation au mariage devient toujours plus fondamentale et nécessaire. Elle devrait consister à écouter à nouveau la voix de la nature, du Créateur, redécouvrir ce que nous dit notre être même, au plus profond de nous. Les cours de préparation devraient nous aider à parvenir à une véritable décision sur le mariage selon le Créateur et le Rédempteur[13]. » Rendez-vous pris, c'est pendant plus de cinquante heures

12. *Réponses du père Jean-Baptiste, chanoine régulier de l'abbaye de Lagrasse au 27 juin 2018 aux questions les plus courantes sur le colonel Arnaud Beltrame en libre accès pour tous les auteurs de livres.* Devant les nombreuses sollicitations d'entretiens, le père Jean-Baptiste, sur demande de son père abbé, a rédigé ce document.
13. Benoît XVI, *En conversation avec Benoît XVI*, Tempora, Perpignan, 2009, p. 120.

que le prêtre enseigne Arnaud et Marielle Beltrame sur les fondements et les buts du mariage chrétien. Arnaud Beltrame s'avère curieux de tout avec la foi et le zèle du néophyte. Volubile comme d'habitude, il bombarde le prêtre de questions dont il accueille les réponses avec intérêt. Le père Jean-Baptiste écrit : « Arnaud était marquant par sa vivacité, sa joie contagieuse et le témoignage épanoui de sa foi retrouvée[14]. » Ses amis constatent aussi cette mutation. Il obtient enfin les réponses aux questions qu'il se pose depuis longtemps.

La foi d'Arnaud Beltrame devient vraiment profonde. Il a une authentique dévotion à la Trinité, à la Sainte Vierge et aux saints qui lui évoquent quelque chose : saint Joseph patron des chefs de famille, saint Michel archange pour les parachutistes et sainte Geneviève pour les gendarmes, sainte Thérèse de Lisieux et sa petite voie, sainte Hildegarde dont il apprécie les recettes, mère Yvonne-Aimée de Jésus, saint Cado (qui signifie « combat » en gaulois) qui convertit l'enchanteur Merlin, les époux Luigi et Maria Beltrame, premier couple béatifié ensemble en 2011 et dont Arnaud est fier de porter le nom. Peut-être de lointains cousins ? En mai 2017, Arnaud et Marielle Beltrame profitent de l'opportunité du prêt d'un appartement à Lisbonne et ont la joie d'assister ensemble à Fatima à la canonisation de Jacinthe et François. Pour couronner leur préparation au mariage, le père Jean-Baptiste leur propose de suivre une année de formation au sein des équipes Cana.

14. *Réponses du père Jean-Baptiste, op. cit.*

Les équipes Cana

Les équipes Cana sont fondées en 2010 par les chanoines de Lagrasse[15]. Présentes dans toute la France, elles ont pour objectif d'approfondir la spiritualité conjugale et familiale en étudiant le magistère de l'Église catholique ensemble sous la conduite d'un chanoine. En septembre 2017, il y a 22 équipes Cana dans une vingtaine de villes de France. À Narbonne, les couples de l'équipe Cana ont la chance unique de se trouver à quelques kilomètres de l'abbaye. Ainsi organisent-ils leur emploi du temps entre une soirée chez un couple de l'équipe et un dimanche à Lagrasse. Tous les ans, un thème d'étude est choisi. Il doit être travaillé par les couples de l'équipe à base de TD, de textes et de questionnaires. Lors des réunions mensuelles, les couples échangent, réfléchissent et prient, éclairés par les commentaires du prêtre accompagnateur. Cette année scolaire 2017-2018, Arnaud et Marielle Beltrame rejoignent donc l'équipe de Narbonne avec joie.

Le thème retenu porte sur « Les dons du Saint-Esprit en famille et en couple » : la crainte, la piété, la science, la force, le conseil, l'intelligence et la sagesse. Comme tout ce qu'il entreprend, Arnaud Beltrame prend le sujet d'étude comme une mission, sans demi-mesure. « Il y avait chez lui une recherche de la vérité, une volonté de toujours répondre le mieux possible aux questions des TD. Dynamique, travaillant beaucoup

15. Cana du nom village où le Christ, en présence de sa mère, accomplit son premier miracle : le changement de l'eau en vin. Par sa présence, il sanctifie le mariage en l'instituant sacrement.

les textes, toujours très sérieux en suivant bien la ligne directrice, il cherchait vraiment à comprendre », se souviennent Édouard et Ségolène de Portalon, responsables de l'équipe Cana de Narbonne[16]. Ils continuent : « Arnaud et Marielle avaient un profil différent des autres couples de l'équipe, car nous étions déjà tous mariés avec des enfants. Eux se préparaient au mariage religieux, ils amenaient donc un autre regard sur les TD et les débats. Aux premiers TD, Arnaud parlait beaucoup, et Marielle, très discrète parlait très peu. Au fur et à mesure de l'année, on sentait qu'il lui laissait de la place, la laissait parler avec beaucoup de délicatesse. Il avait la fougue et la fraîcheur des convertis[17]. » Le père Jean-Baptiste se souvient particulièrement de l'une des innombrables questions d'Arnaud Beltrame : « Mon père, pouvez-vous nous dire quelles sont les zones de vigilance à considérer pour réussir son mariage ? » Question très stratégique somme toute, d'un randonneur et d'un gendarme qui prend les précautions pour ne pas suivre de fausses pistes et arriver au bivouac à l'heure prévue.

Depuis l'été 2017, Arnaud et Marielle Beltrame se sont installés dans leur nouvelle maison à Ferrals-les-Corbières, petit village entre vignes et garrigues. Idéalement située entre leurs deux lieux de travail, Carcassonne et Sigean, et proche de l'abbaye, ils s'y retrouvent avec bonheur les week-ends et les jours de repos communs. Quoiqu'avec Arnaud, le repos consiste à occuper les temps libres par des randonnées leur permettant de

16. *Entretien avec Édouard et Ségolène de Portalon*, 13 juin 2018.
17. *Ibid.*

visiter la région à pied : le Canigou, Minerve, les gorges de la Carança, Saint-Guilhem-le-Désert, les Angles, Fontfroide, le massif de La Clape sont autant de destinations qui attirent leurs pas. Marielle Beltrame est aussi une bonne randonneuse et ces moments d'intimité, d'efforts, de souffrance aussi, sur les chemins et sous le soleil du Languedoc sont pour eux deux, autant de parenthèses enchantées. L'officier aime les paysages de sa nouvelle région : les montagnes, les petits villages, les abbayes et les nombreux châteaux médiévaux comblent sa passion de la géographie et de l'histoire. En décembre, le père Jean-Baptiste se rend à Ferrals pour bénir leur maison et particulièrement la pièce qu'ils ont transformée en oratoire et où ils prient tous les trois avec ferveur. À cette occasion, le prêtre a une très longue discussion avec l'officier sur le sujet qui l'occupe depuis de longues années : les tactiques du diable et les délivrances à lui opposer. Il y consacre depuis des années ses temps libres et le résultat de ses recherches l'a conduit à une thèse de doctorat en théologie, la première du genre[18]. Arnaud Beltrame est fasciné par le sujet. Lui-même un temps intéressé à la religion druidique, aux forces de la nature, à l'ésotérisme et à l'occultisme, est très sensible, on le sait, à tout ce qui touche au sacré. Arnaud Beltrame achète cinq exemplaires en souscription d'un coup pour lui et ses amis. Il avait d'ailleurs aidé avec Marielle aux corrections du livre. Ce jour-là, ils parlent aussi longuement de l'islam radical : « Arnaud avait une

---

18. Jean-Baptiste Golfier, *Tactiques du diable et délivrances, Dieu fait-il concourir les démons au salut des hommes ?*, Artège, Perpignan, 2018.

conscience très claire que c'était un danger redoutable pour la France[19] », dit le père Jean-Baptiste appuyé en ce sens par son frère Damien à qui il s'en était aussi ouvert : « il sentait le truc venir à Carcassonne ; il voyait l'islamisation se développer dangereusement[20] ».

Enfin, en février 2018, la déclaration de nullité du premier mariage d'Arnaud Beltrame arrive de l'évêché de Vannes. Le sacrement de mariage est prévu le samedi 9 juin suivant à Trédion. Arnaud Beltrame aurait bien aimé qu'un père de Timadeuc vienne bénir leur union en voisin et en ami, mais cela leur est impossible de par leur règle. Le dimanche 18 mars 2018, à l'abbaye de Lagrasse, l'équipe Cana a étudié le don d'intelligence qui doit permettre, selon la prière de saint Alphonse de Liguori, de « bien entendre les divins mystères, et, par la contemplation des choses célestes, détacher (nos) pensées et (nos) affections de toutes les vanités de ce misérable monde ».

19. *Entretien avec le père Jean-Baptiste*, Lagrasse, 12 juillet 2018.
20. *Entretien avec Damien Beltrame*, Maisons-Alfort, 3 mai 2018.

L'attentat

« Heureux ceux qui sont morts pour la terre charnelle,
Mais pourvu que ce fût dans une juste guerre.
Heureux ceux qui sont morts pour quatre coins de terre.
Heureux ceux qui sont morts d'une mort solennelle
(…)
Que Dieu mette avec eux dans le juste plateau
Ce qu'ils ont tant aimé, quelques grammes de terre,
Un peu de cette vigne, un peu de ce coteau,
Un peu de ce ravin sauvage et solitaire[1]. »

Lieutenant Charles PÉGUY,
276e régiment d'infanterie,
mort pour la France le 5 septembre 1914.

« Si on doit un jour ne plus comprendre comment un homme a pu donner sa vie pour quelque chose qui le dépasse, ce sera fini de tout un monde, peut-être de toute une civilisation[2]. »

Hélie de SAINT MARC.

1. Charles PÉGUY, *Ève*, Gallimard, Paris, 1913, 24e édition 1946, p. 133 et 136.
2. Hélie de SAINT MARC, *Les sentinelles du soir,* Les arènes, Paris, 1999, p. 26.

L'équipée sanglante d'un islamiste ordinaire[3]

Originaire de la cité Ozanam de Carcassonne, Radouane Lakdim est né 11 avril 1992 au Maroc et naturalisé français en 2004 en même temps que son père. Comme la majorité des autres terroristes impliqués dans les attentats en France, il est d'abord un petit délinquant de banlieue condamné pour des délits de droit commun : port d'arme prohibée en 2011, usage de stupéfiants et refus d'obtempérer en 2015 qui lui valent un mois de prison ferme qu'il accomplit en août 2016 à la prison de Carcassonne. Fiché « S » depuis 2014 pour ses liens avec les milieux salafistes, il est suivi par les services de renseignement en 2016 et 2017, mais ceux-ci ne relèvent « aucun signe précurseur d'un passage à l'acte terroriste imminent » ainsi que le précise le procureur de la République François Molins lors de sa conférence de presse au soir de l'attentat. Ses proches et ses voisins le décrivent comme un garçon gentil et poli. Radicalisé, s'autoproclamant « soldat du califat » de l'État islamique, il se lance dans

3. La relation des circonstances de l'attentat de Trèbes ayant entraîné la mort du lieutenant-colonel Arnaud Beltrame est reconstituée à partir des nombreux articles de presse parus depuis le 23 mars 2018. Les citations sont reprises de ces mêmes journaux. Fin juillet, de nouveaux éléments sont parus dans plusieurs quotidiens nationaux puis repris largement par leurs confrères. Parmi les articles de fond parus fin juillet 2018, voir Julia Pascual et Soren Seelow, « Attentats de Trèbes : dans le huis clos du Super U », *Le monde,* n° 22870, 24 juillet 2018, p. 10 et 11 ; Willy Le Devin, « Plus Arnaud Beltrame avançait, plus je sentais Lakdim trembler, *Libération*, 23 juillet 2018 ; Thimothée Boutry, « Attentats de Trèbes : le huis clos glaçant entre le colonel Beltrame et le terroriste », *Le Parisien*, 22 juillet 2018.

son équipée sanglante après avoir accompagné sa petite sœur à l'école le matin du vendredi 23 mars 2018. Quelques heures avant, sa compagne Marine, convertie et également fichée « S, » a posté sur les réseaux sociaux une sourate du coran promettant « l'enfer aux mécréants ». Même fichés par les services de renseignement, ces deux jeunes sont sans doute adeptes de la *Taqîya*, précepte coranique permettant de dissimuler sa foi en cas de persécution contre l'islam ou dans le cas présent, pour ne pas se faire repérer et passer discrètement à l'action.

À 10 h 13, sur le parking des Aigles au bas de la Cité, Lakdim avise deux hommes dans une voiture. Croyant que ce sont des homosexuels ainsi qu'il le dira plus tard, car ce lieu est connu à Carcassonne comme rendez-vous *gay*, il leur tire dessus en pleine tête, tue le passager Jean Mazières (60 ans), un vigneron en retraite, et blesse grièvement le conducteur Renato Gomes da Silva (25 ans) stagiaire en décoration intérieure. Jetant les corps hors de l'habitacle, il vole la voiture, une Opel Corsa, et se dirige de l'autre côté de la Cité. Arrivé place du Général-de-Gaulle, à proximité de la caserne Laperrine qui abrite le 3e RPIMa, il attend vainement des militaires. N'ayant pas de cible en vue suffisamment rapidement, il redémarre et se dirige vers l'avenue du général-Leclerc en direction de la caserne de la compagnie républicaine de sécurité n° 57 de Carcassonne. Non loin de là, quatre policiers de la CRS n° 53 de Marseille, alors affectés à la sécurisation de Toulouse et hébergés à Carcassonne, reviennent de leur footing matinal ;

Lakdim les repère, arrête le véhicule, sort et fait feu sur les policiers, blessant l'un d'entre eux grièvement, le brigadier Frédéric Poirot. Six douilles sont retrouvées par terre. Remontant dans sa voiture, il continue sa route sur la N113, repasse au-dessus du parking des Aigles-de-la-Cité et prend la direction de Trèbes en périphérie de Carcassonne. Avisant le Super U, il gare la voiture sur le parking et entre dans le supermarché, il est 10 h 38.

Au Super U de Trèbes

En entrant dans le bâtiment, Lakdim éructe « *Allahu Akbar* », brandissant son pistolet et un couteau. Les clients et les employés ne se rendent pas tout de suite compte qu'ils sont au cœur d'un attentat. Au rayon boucherie, l'islamiste s'approche par-derrière du chef boucher Christian Medvès (50 ans) qui discute avec une hôtesse de caisse et l'abat d'une balle dans la tête à bout touchant. Puis il repart vers les caisses et tue de la même manière un client, Hervé Sosna (65 ans). Lakdim hurle aux clients qui semblent encore indifférents : « À terre, couchez-vous, j'en ai marre ! » Alors la foule comprend et fuit devant le terroriste, mais quelques personnes restent prises au piège et se cachent dans les rayons et dans la chambre froide. Julie (39 ans), hôtesse d'accueil, se réfugie dans la salle près de l'entrée. Lakdim lance vers les caisses une grenade qui n'explose pas et parcourt les rayons vides à la recherche d'autres victimes ou d'un otage jusqu'à ouvrir la salle où s'est cachée la jeune femme. Content de lui, le terroriste lui lance: « Ben tiens, voilà mon otage! »

Plus tard, lors de son audition, Julie racontera ce qu'elle a vécu et ressenti durant ces minutes de captivité: « Assez vite il m'a dit qu'il ne me ferait rien, il m'a demandé de trouver un téléphone. J'ai pris celui qui se trouve derrière la pièce où je me trouvais. À sa demande, j'ai contacté la gendarmerie de Carcassonne. Il m'a dit de dire qu'il s'agissait d'une prise d'otage au supermarché de Trèbes, il m'a dit de dire que c'était pour les frères en Syrie. J'ai alors composé le 17. » La conversation dure près d'une trentaine de minutes. Au bout du fil, une voix féminine:

> *– La gendarmerie, j'écoute, bonjour...*
> *– Oui, bonjour madame, je m'appelle Julie V., je travaille à Super U à Trèbes.*
> *– Oui?*
> *– Et je suis actuellement, euh... prise en otage par un monsieur armé.*
> *– D'accord, il a une arme sur votre tête?*
> *– Oui.*
> *– C'est un pistolet ou c'est un fusil?*
> *– Euh... un pistolet... avec, euh... avec un couteau et deux grenades.*

Lakdim à côté d'elle continue à dicter son discours à Julie:

> *– Le monsieur dit qu'il est un soldat de l'État islamique... en représailles, parce que la France a*

bombardé la Syrie, l'Irak et le Mali, hein... Vous bombardez mes frères... Alors maintenant il faut assumer les conséquences[4].

Puis Lakdim prend l'écouteur :

– C'est compris ou pas ? Je vous attends à Super U à Trèbes... Venez, venez, vous allez voir... on va voir si vous avez des couilles !

Avant le début de la conversation, les gendarmes ont été prévenus de l'attentat à Trèbes. Très vite le périmètre est bouclé, et le peloton de surveillance et d'intervention de la gendarmerie (PSIG) de Carcassonne rejoint la salle vidéo du supermarché située au premier étage. Le lieutenant-colonel Beltrame, chef des opérations, est avec ses hommes et fait donc partie des primo-intervenants. Lakdim observe à travers les baies vitrées la mise en place du dispositif. Avec l'otage, il hésite entre fanfaronnade, menaces et échanges presque normaux, mais qui dans ce contexte apparaissent surréalistes : « Il m'a posé des questions, il m'a demandé mon âge, mes origines, si j'avais des enfants. J'ai compris avec ce qu'il me disait, qu'il faisait une distinction entre ceux qu'il allait abattre et ceux qu'il allait laisser en vie. Il m'a dit qu'il avait tué le client dans le magasin, car il ne le prenait pas

4. À un autre moment, Lakdim évoque les bombardements « d'hier soir ». La veille en effet, mais comme tous les jours, des dizaines de raids des aviations syrienne et russe ont ciblé la Ghouta orientale, fief rebelle, et la coalition occidentale a bombardé les zones tenues par l'armée syrienne près de Deir-ez-Zor (est de la Syrie).

au sérieux. Donc je me suis concentrée pour avoir une attitude pour conserver son respect. Je lui ai dit que je comprenais sa démarche à lui, j'ai gardé mon sang-froid. J'allais dans son sens dès qu'il me parlait. » L'islamiste se vante aussi d'avoir allumé « deux pédés (…) j'suis arrivé à l'improviste, ils étaient cachés, je leur ai mis deux balles dans la tête… sans pitié… » Il explique vouloir mourir en martyr, « que sa démarche était juste d'allumer une mèche, de faire une petite action, pour donner envie à ses frères de faire des actes plus violents ». Il aimerait par exemple « que ses frères lancent un camion sur le magasin ». Il donne la raison de son acte :

> *Qu'ils arrêtent un peu la France de bombarder. Ils prennent les richesses des gens et, en plus, ils veulent imposer leurs lois, après ils nous disent : « T'es radicalisé, t'es fiché "S" », mais quand on veut aller chez nous, ils nous laissent pas aller… j'voulais aller en Syrie, mais ils nous laissent pas aller… J'vais la faire à la Coulibaly, j'vais rejoindre mes frères, Mohammed Merah, Coulibaly, ils ont raison… voilà, c'est tant pis… même s'ils ont pas raison, ils ont vu ce qui se passe… j'vois que les soldats français violent des enfants au Mali, après ils ont une relaxe, ça se fait ça[5] ?*

5. Il s'agit d'une confusion avec la Centrafrique. En 2015, des soldats français de la force Sangaris sont accusés de viol sur mineurs. Un non-lieu est rendu en janvier 2018 qui suscite des réactions dans certains titres de la presse africaine de langue française et des commentaires virulents dénonçant une justice à deux vitesses et raciste.

Un autre téléphone sonne. Julie passe le combiné à Lakdim : « Allô… brigadier de l'État islamique, je me présente… vous voyez tous les bombardements que vous avez faits en Syrie, en Irak, au Mali, faut le payer, vous voyez. Là, j'ai un otage maintenant, je vais vous dire un truc. Je sais que vous allez pas vouloir, vous allez ramener Abdeslam Salah, le commando du 13 novembre. Je veux que vous le libériez, on fait un échange. »

L'échange

À 10 h 58, prévenu de la situation, le colonel Laurent Phélip commandant le GIGN sollicite de sa hiérarchie l'engagement de son unité et l'envoi immédiat de l'antenne GIGN de Toulouse sur place. Douze personnels se positionnent sur site moins de quinze minutes après. Les hommes du GIGN de Satory quittent Villacoublay en hélicoptères.

Vers 11 h 20, à l'intérieur du supermarché, la colonne d'assaut du PSIG descend de la salle vidéo pour se rapprocher de Lakdim et de l'otage. C'est à ce moment que le destin d'Arnaud Beltrame bascule ainsi que le raconte le sous-officier supérieur commandant le PSIG. « Avant de franchir la porte qui nous séparait des caisses, j'ai senti la présence derrière mon dos de quelqu'un qui nous rejoignait. C'est le colonel Beltrame. (Il) a voulu me passer dans la colonne, mais n'étant pas équipé d'un gilet pare-balles lourd comme le veut la consigne, je lui ai demandé de rester derrière moi, c'est ce qu'il a fait dans un premier temps. » Les gendarmes progressent alors par binômes et trinômes et aperçoivent Lakdim menaçant toujours l'otage, qui s'énerve et répète des « *Allahu Akbar* ! » Le commandant du PSIG entame aussitôt les négociations. « J'étais dans un tunnel, les yeux dans les yeux avec le terroriste, quand d'un coup j'ai vu passer le colonel Beltrame devant mon arme. Il m'a dit : "Taisez-vous, c'est moi qui négocie ! Cassez-vous du supermarché !" J'ai demandé au colonel de rester caché derrière le rayon. À ce moment précis, le colonel s'est redressé en levant les mains en l'air. » Arnaud Beltrame n'écoute pas le commandant du PSIG qui lui demande de reculer et s'adresse directement à Lakdim : « Lâchez-la et prenez-moi à sa place. » Le terroriste demande à l'officier d'enlever son arme. Arnaud Beltrame s'exécute et fait glisser son pistolet Sig-Sauer 9 mm sans chargeur vers Lakdim. Celui-ci s'en rend compte tout de suite et demande le chargeur que le gendarme lui fait également glisser. Lakdim met le chargeur de 15 coups dans l'arme, Arnaud Beltrame prend la place de Julie, qui s'enfuit de la salle des coffres dont la porte se referme sur les deux hommes. Il est 11 h 32. Il vient de sauver une vie. Quelques minutes plus tard, le lieutenant-colonel Beltrame appelle le commandant du PSIG et lui ordonne de quitter les lieux avec son unité, car Lakdim menace de faire sauter des grenades. Puis plus rien pendant de très longues minutes.

Le huis clos

Le lieutenant-colonel Arnaud Beltrame est désormais seul et prisonnier de Radouane Lakdim. Il est environ midi. Dehors l'antenne GIGN de Toulouse a pris position. Son commandant attend l'arrivée du GIGN de Satory pour donner l'assaut prévu pour 14 h 15. Pendant ce temps, Arnaud Beltrame et Radouane Lakdim sont face à face dans la salle des coffres. Lakdim veut mourir en martyr ; il l'a dit plusieurs fois. Arnaud Beltrame quant à lui est là pour le neutraliser.

Le lieutenant-colonel Arnaud Beltrame, en proposant l'échange à l'islamiste, sait donc exactement ce qu'il fait, ce qu'il veut et les risques qu'il court. D'abord, il est conscient de sa valeur : en pleine forme physique et mentale, adepte du krav-maga, ancien de l'EPIGN, il est le plus compétent alors que le GIGN n'est pas encore arrivé sur zone ; ensuite, comme chef, il considère que c'est à lui d'être devant et de préserver la vie de ses hommes. Il sait aussi que les islamistes ne négocient pas et qu'il lui faut gagner du temps avant l'arrivée du GIGN. Enfin, pour lui, il respecte les procédures du schéma national d'intervention (SNI) qui dit que :

> *En cas d'attaque terroriste, le facteur temps est devenu l'élément déterminant pour limiter au maximum le nombre des victimes.*
> *Les forces d'intervention doivent pouvoir faire face, avec leurs moyens propres, à tous les types d'actions terroristes à la portée des groupes djihadistes et disposer à cet effet d'un haut niveau de préparation et de coordination pour intervenir.*
> *Faire cesser le plus rapidement possible une attaque terroriste est une exigence de sûreté majeure, que doit garantir l'État en tout point du territoire*

national, en métropole et outre-mer, y compris en cas d'actions terroristes simultanées.

L'officier a aussi certainement en tête cet autre passage du SNI qui précise : « L'objectif sera de "fixer" immédiatement les terroristes afin qu'ils se retranchent tout en préservant la vie des otages et des membres des forces de l'ordre[6]. » C'est bien ce qu'il fait : préserver d'abord la vie des otages en provoquant l'échange, puis celle des gendarmes en leur demandant d'évacuer le supermarché. Après avoir évalué les risques, pesé les options, l'officier a instinctivement et très rapidement élaboré sa méthode de raisonnement tactique (MRT) afin de régler la crise ; puis, comme chef, il a choisi d'intervenir. Aucune des personnes interrogées n'envisage un seul instant que leur époux, fils, frère, ami, camarade, supérieur ou subordonné soit allé se livrer à Lakdim sans défense. Il s'est levé pour vaincre le djihadiste.

Arnaud Beltrame reste seul face à Lakdim sans presque aucune communication avec l'extérieur pendant près de deux heures et trente minutes. C'est long. Que se sont-ils dit ? Rien ou presque n'a filtré. Connaissant la faconde d'Arnaud Beltrame, Lakdim a dû avoir fort à faire. Sans doute ont-ils évoqué les choses essentielles : Dieu, la religion, la vie, la mort, la famille, la guerre. Les moyens techniques des forces de l'ordre permettent à un moment d'entendre l'islamiste prier son dieu. Lakdim a-t-il repensé à la sourate 9 du coran qui ordonne aux musulmans : « tuez les associateurs (les

6. Ministère de l'Intérieur, *Schéma national d'intervention*, 2016, p. 2 et 3.

chrétiens) où que vous les trouviez ; (...) Capturez-les, assiégez-les et guettez-les dans toute embuscade » (verset 5) et « Combattez ceux qui ne croient ni en Allah ni au Jour dernier (les juifs et les chrétiens), qui n'interdisent pas ce qu'Allah et Son messager ont interdit et qui ne professent pas la religion de la vérité, parmi ceux qui ont reçu le Livre, jusqu'à ce qu'ils versent la capitation par leurs propres mains, en état d'humiliation. » Sûrement, l'officier attend le bon moment pour intervenir et neutraliser le terroriste comptant sur la réactivité de ses camarades du GIGN. Il a déjà connu peu ou prou ce genre de situation en Irak ou face à des forcenés en Normandie même si un homme en détresse, alcoolisé, avec un vieux fusil de chasse a peu de choses à voir avec un djihadiste fanatisé armé d'un couteau et de deux pistolets. Pendant ce temps, l'antenne GIGN de Toulouse a relevé le PSIG qui reste en alerte. Le GIGN de Versailles-Satory est en approche

L'attaque

À 14 h 13, un négociateur du GIGN parvient à joindre Arnaud Beltrame sur son téléphone portable :

> *– Je suis le lieutenant-colonel Beltrame, je suis l'otage.*
> *– Bonjour Arnaud, je me présente je suis Bertrand, négociateur du GIGN.*
> *– Oui, ça marche.*
> *– Comment allez-vous ?*
> *– Très bien. Vous savez qui je suis ?*

– Oui, je sais qui vous êtes.
– Vous savez d'où je viens, O.K., très bien, ça se passe très bien.
– Ça se passe très bien pour vous ?
– Oui.

Puis Lakdim prend le téléphone :

– Bonjour Radouane, c'est le négociateur du GIGN.
– Oui, alors j'ai demandé qu'on fasse un échange, le lieutenant-colonel gendarme contre Salah Abdeslam, Fleury-Mérogis.
– Oui, c'est ce que vous souhaitez ça, c'est exact ?
– Vous serez pas capables alors d'échanger un de vos membres contre un de mes membres ?
– Ben, Radouane, vous savez très bien que ça ne se fait pas comme ça.

Le négociateur parle à Radouane de sa mère qui est à ses côtés pour l'attendrir. C'est le moment que choisit Arnaud Beltrame pour se ruer sur Lakdim. Il crie : « Attaque !... Assaut, assaut ! » Il est 14 h 16. Des bruits de lutte, des cris, des râles se font entendre. Le négociateur tente de comprendre et appelle « Arnaud » et « Radouane », mais personne ne répond. Deux coups de feu claquent puis un troisième. Puis plus rien. À Trèbes, le GIGN de Satory vient d'arriver. L'ordre est donné d'attaquer. À 14 h 24 minutes et 30 secondes, le GIGN entre dans le supermarché puis dans la salle des coffres. Lakdim est assis avec sur lui le corps de l'officier atteint de trois balles et égorgé. Il crie encore

« *Allahu Akbar* ! » en se redressant et est abattu par les gendarmes. L'assaut est terminé.

L'hôpital

Conduit à l'hôpital de Carcassonne, Arnaud Beltrame est dans un état désespéré. Son épouse Marielle est près de lui ; sa mère Nicolle a pris la route du sud pour rejoindre son fils. Le père Jean-Baptiste n'est pas au courant du drame qui vient de se nouer jusqu'à la fin de l'après-midi. C'est seulement vers 20 heures qu'il apprend qu'Arnaud est à l'hôpital, et il rejoint Carcassonne vers 21 heures :

> *Nous étions le vendredi de la Passion, juste avant l'ouverture de la Semaine sainte et nous avions honoré à l'abbaye Notre-Dame-des-Sept-Douleurs, entrant dans la compassion de Marie unie à la Passion de son divin Fils. Je venais de prier l'office de none et le chemin de croix à son intention, m'étant senti intérieurement invité, sans comprendre pourquoi, à beaucoup prier pour lui (…)*
> *Les gendarmes et les médecins ou infirmières m'ont ouvert le chemin avec une délicatesse remarquable. Il était vivant, mais inconscient. J'ai pu lui donner le sacrement des malades et la bénédiction spéciale du pape à l'article de la mort. Marielle répondait à ces belles formules liturgiques à sa place en le tenant par la main droite.*
> *Ces prières, ce sacrement et ces bénédictions configurent, unissent le souffrant avec le Christ en sa*

Passion, rendant alors leurs épreuves sanctifiantes, méritoires pour le Ciel. Elles effacent les péchés comme une confession lorsque le malade est inconscient, ce qui était son cas. Elles préparent le mourant au face-à-face avec le Seigneur qui jugera toute notre vie avec une infinie miséricorde, mais aussi avec une justice précise.
En mémoire de la Vierge des Douleurs, je demande au personnel soignant s'il peut avoir une médaille mariale, celle de la rue du Bac de Paris, près de lui. Compréhensive et professionnelle, une infirmière la fixe à son épaule.
Je n'ai pas pu le marier religieusement, car il était inconscient. Nous étions réunis tous les trois comme pour cette union que je devais bénir bientôt, et c'est l'ultime onction du sacrement des malades que nous avons célébrée à la place, pour un héros qui fait l'admiration de tous[7].

Arnaud Beltrame décède quelques heures plus tard à l'aube du 24 mars 2018. Il avait 44 ans.

À la cité Ozanam

À la cité Ozanam de Carcassonne d'où vient le tueur, les forces de police lourdement armées investissent rapidement le quartier et effectuent plusieurs perquisitions. La jeune compagne de Lakdim est arrêtée dans un autre quartier populaire de Carcassonne. Elle a

7. *Réponses du père Jean-Baptiste, op. cit.*

accueilli les policiers en criant elle aussi « *Allahu Akbar* ! » À Ozanam, les CRS sont restés jusqu'au matin pour éviter les débordements, essuyant les insultes de jeunes habillés de sweats à capuche, soutenant Lakdim qu'ils célèbrent comme leur héros. Ce samedi matin, les journalistes prennent la suite des policiers ; pas pour longtemps. Menacés, frappés, des journalistes de France Télévision, BFM TV et d'une chaîne suisse-italienne doivent s'enfuir de cette nouvelle « cité interdite » de la République poursuivis par des jeunes en voiture. Un journaliste du *Parisien* qui a pu rester échanger avec des mères de famille désespérées du geste de Lakdim raconte :

> *Mais lorsqu'un jeune homme arrive au volant de sa Renault Clio, les menaces giclent, comme les insultes. Il promet de tuer. Il faudra l'intervention énergique des quatre femmes qui se remettent à parler en arabe pour qu'il laisse la conversation se poursuivre. Et reparte en faisant un geste de menace de la main. « Il a tué aussi notre communauté ici. Ce n'est pas réparable. On ne les comprend plus. Ils ne nous écoutent plus. Et nos maris ont depuis longtemps abandonné leur famille. Nous sommes seules face à des adultes déchaînés », se lamente la plus âgée, qui avoue ne pas savoir si elle doit retourner dans son pays ou rester*[8].

8. Jean-Marc Ducos, « "Il a aussi tué notre communauté" : la cité où vivait le terroriste de l'Aude sous le choc », *Le Parisien*, 25 mars 2018. La cité tient son nom de Frédéric Ozanam (1813-1853), grand intellectuel catholique, fondateur de la société Saint-Vincent-de-Paul, béatifié par Jean-Paul II en 1997.

Hommages à un héros

« Je pense souvent à ces hommes morts debout,
fauchés en plein combat, en pleine jeunesse,
sans avoir connu la déchéance ni la vieillesse[1]. »
Général Marcel Bigeard.

« L'exemple vient du chef, et l'exemplarité était pour lui
une vertu cardinale[2]. »
Emmanuel Macron.

La mort du lieutenant-colonel Arnaud Beltrame crée une onde de choc dans le pays tout entier. Parmi les multiples analyses, celle du philosophe et essayiste Alain Finkielkraut résume bien le sentiment général :

> *L'histoire du terrorisme en France est déjà fournie, mais pour la première fois l'admiration prévaut sur l'effroi, toute la France est éperdue d'admiration et de reconnaissance vis-à-vis de cet homme. Et d'ailleurs on hésite entre deux mots pour qualifier son attitude. Le mot qui vient le plus facilement,*

1. Marcel Bigeard, *Ma vie pour la France, op. cit.*, p. 173.
2. *Discours du président de la République en hommage au lieutenant-colonel Arnaud Beltrame*, les Invalides, 28 mars 2018. Texte du discours consulté sur le site de l'Élysée. www.elysee.fr

le plus immédiatement à l'esprit et qui a été utilisé par tous les commentateurs, c'est l'héroïsme : il a témoigné d'une exceptionnelle bravoure puisqu'il a risqué sa vie pour neutraliser le terroriste. Mais il y a un autre mot qu'on se risque à employer avec une certaine crainte, une certaine timidité, c'est celui de sainteté. Levinas définit la sainteté justement comme le désintéressement, le dévouement poussé jusqu'au mourir pour l'autre et c'est exactement ce qui s'est passé. Il s'est substitué à une otage et il a pris le risque de mourir à sa place et ça c'est quand même extraordinaire[3].

La France célèbre le héros de Trèbes. Sa postérité s'étend bien au-delà des frontières.

Après le 24 mars

Le matin de l'annonce de la mort de l'officier, des fleurs, des messages, des dessins d'enfants sont déposés devant le groupement de gendarmerie de l'Aude avenue Henri-Gout. L'émotion est immense et palpable de Carcassonne à toutes les villes et villages de France. Partout le pavillon national est mis en berne. À travers la figure d'Arnaud Beltrame, les Français célèbrent aussi la gendarmerie, ses hommes et ses femmes qui les protègent au quotidien et veillent sur leur sécurité. Tout ce que le pays compte d'éditorialistes, d'hommes et de femmes politiques, de penseurs, d'intellectuels,

3. Sur BFM TV, le 2 avril 2018.

d'hommes de religion célèbre Arnaud Beltrame. Des centaines de messes sont dites pour le repos de son âme; les principales organisations musulmanes en France condamnent l'attentat; sur les réseaux sociaux, des milliers de messages de condoléances sont postés et les premières lettres arrivent dans la boîte aux lettres de Nicolle Beltrame à Trédion. Elle en recevra en quelques semaines plus de trois mille. Déjà des municipalités envisagent de baptiser une voie à son nom; de nombreuses cérémonies sont organisées en province en son honneur. Désormais, comme le dira plus tard la mère du héros : « Arnaud appartient à tout le monde ! » Mais pour le moment, il est encore à sa famille. Son épouse, sa mère, ses frères et ses proches se recueillent et prient autour de sa dépouille.

Dès qu'il apprend la mort d'Arnaud Beltrame, le président de la République décide de rendre un hommage national à l'officier que la France pleure. Trois jours plus tard, le 27 mars 2018, le cercueil où repose Arnaud Beltrame rejoint l'aéroport de Carcassonne pour s'envoler vers la capitale. Des dizaines de gendarmes, militaires des trois armées, policiers, civils du département lui disent au revoir en respectant une minute de silence, puis en chantant une vibrante Marseillaise. Six gendarmes portent le cercueil jusqu'à l'avion militaire qui doit le conduire avec sa famille à Paris. Arrivé à l'aéroport militaire de Villacoublay, le ministre de l'Intérieur Gérard Collomb, accompagné du général Richard Lizurey, directeur général de la gendarmerie, décore à titre posthume l'officier de trois médailles : la médaille de la gendarmerie nationale avec palme de bronze, la médaille pour acte de courage et de dévouement échelon or et la médaille de la sécurité intérieure échelon or. Le soir, la dépouille d'Arnaud est exposée à la caserne de la Garde républicaine rue de Tournon dans le 6e arrondissement pour une veillée de prières et de pensées réservée à ses frères d'armes de l'armée et de la gendarmerie. Demain, c'est le Mercredi saint dans le calendrier liturgique ; le 18 avril 1973, jour de la naissance d'Arnaud Beltrame était aussi un Mercredi saint.

L'hommage national

Ce mercredi 28 mars, à dix heures du matin, le corbillard transportant le corps du lieutenant-colonel stationne devant le Panthéon. Le ciel est voilé et il pleut : un vrai temps breton ou normand. À la même heure, dans toutes les gendarmeries, commissariats et préfectures de France, une minute de silence est respectée à la mémoire de l'officier. Entourant le véhicule, sept motards de la Garde encadrent le véhicule. Quinze minutes plus tard, le cortège funéraire s'ébranle et traverse la rue Soufflot sous les applaudissements des Parisiens avant de prendre le boulevard Saint-Michel, clin d'œil émouvant au parachutiste. Au loin, le gros bourdon de Notre-Dame de Paris salue l'officier chrétien. Le cortège prend ensuite la direction des quais de Seine et s'arrête devant le pont Alexandre III, où douze gardes du régiment de cavalerie viennent compléter l'escorte. Enfin le cortège traverse le « pont des Héros » avant d'emprunter l'avenue Gallieni qui conduit aux

Invalides[4]. Là, dans un silence impressionnant seulement ponctué par les ordres et les sonneries réglementaires donnés dans la cour d'honneur et relayés par les haut-parleurs, des centaines de gendarmes saluent encore leur héros jusqu'à la place des Invalides.

Dans la cour d'honneur des Invalides, trois anciens présidents de la République, des anciens Premiers ministres, des ministres, des politiques, des officiers généraux, des militaires et la foule des anonymes sont venus rendre hommage à Arnaud Beltrame. Sur les rangs, les gardes républicains, la musique et les drapeaux de la gendarmerie nationale, de l'EOGN et de l'EMIA ont pris place avec leur garde. Le président de la République Emmanuel Macron arrive ensuite et est accueilli par le Premier ministre Édouard Philippe, le président du Sénat Gérard Larcher, le ministre des Armées Florence Parly et les grands chefs militaires. Après la revue des troupes au son de la marche consulaire, Emmanuel Macron et son épouse saluent la famille d'Arnaud, puis le président gagne sa place à la tribune. Soudain un « Présentez armes ! » déchire le silence. La foule se fige. Par la porte de la cathédrale Saint-Louis-des-Invalides porte sud, le cercueil du lieutenant-colonel Arnaud Beltrame porté par dix personnels de l'EOGN, de l'EMIA, de la Garde, de la gendarmerie départementale et de la gendarmerie mobile fait son entrée dans la cour d'honneur au son des tambours de la Garde ; parmi eux l'adjudant Lejeune son subordonné et ami du

4. Depuis 2011, à l'initiative d'associations d'anciens combattants et de familles de militaires, les Parisiens sont invités à venir saluer en silence les dépouilles de soldats morts en service tués lorsque le cortège traverse le pont Alexandre III connu aussi maintenant comme le « Pont des Héros. »

temps où il commandait à Avranches. Le cercueil est ensuite déposé sur les pavés mouillés de la cour d'honneur. Seuls restent face au cercueil deux gardes portant les décorations et le képi du colonel.

Le discours du président de la République

Alors, le président de la République s'avance vers la tribune installée à cet effet pour prononcer le discours d'hommage au lieutenant-colonel Arnaud Beltrame. Le chef des armées, malgré la foule, est seul face à l'officier tombé. Il dit la chronologie brute des faits : les morts, les blessés, la prise d'otage et l'action héroïque de l'officier. Il rappelle aussi que le sacrifice suprême est inscrit dans le *Statut général des militaires,* de tous les militaires : « Accepter de mourir pour que vivent des innocents, tel est le cœur de l'engagement du soldat. Être prêt à donner sa vie parce que rien n'est plus important que la vie d'un concitoyen, tel est le ressort intime de cette transcendance qui le portait. Là était cette grandeur qui a sidéré la France[5]. » Le président insiste sur la personnalité du gendarme au moment de sa décision : « À cet instant toutefois d'autres, même parmi les braves, auraient peut-être transigé ou hésité. Mais le lieutenant-colonel Beltrame s'est trouvé face à la part la plus profonde et peut-être la plus mystérieuse

5. « L'état militaire exige en toute circonstance un esprit de sacrifice, pouvant aller jusqu'au sacrifice suprême, discipline, disponibilité, loyalisme et neutralité. » *Journal officiel de la République française*, texte n° 1, Loi n° 2005-270 du 24 mars 2005 portant statut général des militaires, n° 72, 26 mars 2005, p. 5098.

de son engagement. Il a pris une décision qui n'était pas seulement celle du sacrifice, mais celle d'abord de la fidélité à soi-même, de la fidélité à ses valeurs, de la fidélité à tout ce qu'il avait toujours été et voulu être, à tout ce qui le tenait. » Rendant hommage au travail de la gendarmerie et à l'ensemble des forces de sécurité et de renseignement, le chef de l'État convoque ensuite les héros de l'histoire de France auxquels Arnaud Beltrame se rattache comme un dernier maillon :

> *Droit, lucide, et brave, il faisait face à l'agression islamiste, face à la haine, face à la folie meurtrière, et avec lui surgissait du cœur du pays l'esprit français de résistance, par la bravoure d'un seul entraînant la Nation à sa suite.*
> *Cette détermination inflexible face au nihilisme barbare convoqua aussitôt dans nos mémoires les hautes figures de Jean Moulin, de Pierre Brossolette, des martyrs du Vercors et des combattants du maquis. Soudain se levèrent obscurément dans l'esprit de tous les Français, les ombres chevaleresques des cavaliers de Reims et de Patay, des héros anonymes de Verdun et des Justes, des compagnons de Jeanne et de ceux de Kieffer – enfin, de toutes ces femmes et de tous ces hommes qui, un jour, avaient décidé que la France, la liberté française, la fraternité française ne survivraient qu'au prix de leur vie, et que cela en valait la peine.*

Les références historiques du discours ne sont pas neutres. À la bataille de Patay (18 juin 1429), Jeanne d'Arc, La Hire, Xaintrailles, Richemont écrasent l'envahisseur anglais permettant le sacre de Charles VII à Reims et bientôt la fin de la guerre de Cent Ans. À Verdun en 1916, dans les maquis et sous le béret vert des commandos du 6 juin 1944, les poilus, les résistants et les Français libres, les Justes parmi les Nations au secours des Juifs persécutés, luttent par les armes et le courage contre deux invasions allemandes sur le sol de France. À leur suite, Arnaud Beltrame est le héros qui s'est battu contre « l'agression islamiste », « l'hydre islamiste », « l'islamisme souterrain » qui menace la France. Pour la première fois d'une manière aussi ferme, un président désigne l'ennemi aux Français. Emmanuel Macron ne s'abrite par-derrière des circonvolutions littéraires politiquement correctes. Il était temps de le dire ainsi, sans détour.

Puis le président s'adresse directement à la jeunesse de France avec des mots forts et d'espérance :

> *Alors que le nom de son assassin déjà sombrait dans l'oubli, le nom d'Arnaud Beltrame devenait celui de l'héroïsme français, porteur de cet esprit de résistance qui est l'affirmation suprême de ce que nous sommes, de ce pour quoi la France toujours s'est battue, de Jeanne d'Arc au général de Gaulle : son indépendance, sa liberté, son esprit de tolérance et de paix contre toutes les hégémonies, tous les fanatismes, tous les totalitarismes.*
>
> *Puisse son engagement nourrir la vocation de toute notre jeunesse, éveiller ce désir de servir à son tour cette France pour laquelle un de ses meilleurs*

> *enfants, après tant d'autres, vient de donner héroïquement sa vie, clamant à la face des assoupis, des sceptiques, des pessimistes :*
> *Oui, la France mérite qu'on lui donne le meilleur de soi.*
> *Oui, l'engagement de servir et de protéger peut aller jusqu'au sacrifice suprême.*
> *Oui, cela a du sens, et donne sens à notre vie.*
> *Et je dis à cette jeunesse de France, qui cherche sa voie et sa place, qui redoute l'avenir, et se désespère de trouver en notre temps de quoi rassasier la faim d'absolu, qui est celle de toute jeunesse : l'absolu est là, devant nous.*

S'adressant de nouveau à la famille, le président s'engage à faire vivre sa mémoire et demeurer son exemple terminant par cette phrase qui résonne comme un appel à tous : « Votre sacrifice, Arnaud Beltrame nous oblige. » Nommé colonel de gendarmerie, Arnaud Beltrame est fait commandeur de la légion d'honneur. Visiblement ému, le président de la République épingle la cravate de commandeur sur le coussin bleu roi posé sur le cercueil. Le rouge de la cravate du premier ordre national se mêle ici au rouge du sang versé pour la France. Après la sonnerie aux morts, la minute de silence et *La Marseillaise*, le cercueil quitte la cour d'honneur des Invalides suivi par la famille, le chef de l'État et son épouse au son de *La marche funèbre* de Chopin. Il pleut toujours sur Paris.

La messe de funérailles à Carcassonne et l'enterrement à Ferrals-les-Corbières

Le lendemain, le Premier ministre Édouard Philippe accompagné du ministre de l'Intérieur Gérard Collomb et du garde des sceaux ministre de la Justice Nicole Belloubet président une cérémonie à Trèbes en hommage à Jean Mazières, Christian Medves et Hervé Sosna, les trois victimes du terroriste de la cité Ozanam. Le Premier ministre prend le temps d'adresser une parole de réconfort à chacun des parents. Puis, les membres des familles des victimes déposent chacun une rose blanche sur le cercueil de leur proche avec les ministres et le préfet. L'émotion est intense sur la petite place d'armes située à côté des arènes de la petite ville.

À 11 heures, sans Édouard Philippe, les deux ministres se rendent à Carcassonne où doivent être célébrées les obsèques religieuses du colonel Beltrame. Pour les catholiques, c'est le Jeudi saint, trois jours avant Pâques, fête de la Résurrection. NNSS d'Antoine de Romanet, évêque aux armées françaises et Alain Planet, évêque de Carcassonne et Narbonne accueillent les officiels en la cathédrale *Saint-Michel*[6]. Seuls la famille, les amis, les camarades et les officiels assistent à la cérémonie. Dans la nef, le cercueil est recouvert du drapeau tricolore ; dessus sont posés le képi de colonel, les décorations du gendarme et une icône du Christ. C'est le père Jean-Baptiste qui prononce l'homélie à la

6. C'est la seule cathédrale en France placée sous le vocable de saint Michel. L'ange des parachutistes accompagne son dévot jusqu'à la fin.

demande de Marielle Beltrame. Au-delà des paroles de consolation et d'espérance, le prêtre évoque les conséquences du geste héroïque d'Arnaud Beltrame dans l'esprit des Français faisant écho au discours du président de la veille :

> *Chère Marielle, la fécondité de votre amour se mesure déjà dans les incroyables témoignages venus du monde entier depuis quelques jours, de tous ceux qui ont été émus et fortifiés dans leur foi par le sacrifice d'Arnaud. (...) Et puis, regardez ! Vous êtes entourée par une immense compassion de tout un peuple, unanime à admirer le geste du colonel et à comprendre l'immensité de votre douleur ; une foule gonflée d'espérance dans le message que son sacrifice offre à la France. L'héroïsme est possible. Notre pays en a besoin pour être sauvé de la médiocrité de l'individualisme qui blessait son cœur de gendarme*[7].

Après l'absoute, le cercueil quitte la cathédrale de Carcassonne suivi des proches et de la famille. Le cortège se rend au lieu de l'inhumation au cimetière de Ferrals-les-Corbières où Arnaud et Marielle Beltrame se sont installés il y a quelques mois. Après une dernière prière dite par Mgr de Romanet lors de la descente du cercueil dans la fosse, le père Jean-Baptiste « (peut) prier seul avec Marielle devant le cercueil recouvert de

7. « Le colonel Beltrame "a offert sa vie pour que s'arrête la mort", l'homélie du père Jean-Baptiste lors des funérailles, *La croix*, 30 mars 2018.

roses blanches et d'eau bénite. (Il offre) ensuite à cette jeune veuve, la bénédiction apostolique demandée au Saint-Siège peu avant : un grand parchemin signé où le pape François bénit leur mariage. (Il lui dit) alors : « Regardez, chère Marielle, les deux dates. Le pape a signé ce parchemin le 6 mars, Arnaud étant encore vivant. Si je ne pourrai jamais célébrer votre sacrement de mariage le 9 juin, considérez que le pape a déjà béni votre amour. » Elle a semblé consolée…[8] » Le cercueil est recouvert de terre, une simple croix de bois avec le nom du colonel sur une plaque de métal marque l'emplacement. Six mois après sa mort, la tombe reste fleurie ; des bougies, un petit drapeau breton, des chapelets, un insigne d'une compagnie de CRS, un cœur en métal sont suspendus aux branches de la croix ; au pied de celle-ci, des plaques de marbre de la famille, du 1er régiment d'infanterie de la Garde républicaine, des retraités de la gendarmerie de l'Aude et des chuteurs opérationnels sont posées. Régulièrement, des anonymes viennent se recueillir sur la tombe du gendarme de France, héros qui a donné sa vie pour son prochain et ses concitoyens.

8. *Réponses du père Jean-Baptiste, op. cit.*

Postérité d'Arnaud Beltrame

Ni sa famille, ni ses amis, ni ses frères d'arme n'ont été surpris du geste d'Arnaud Beltrame. C'est sa mère Nicolle la première qui s'est exprimée « Quand j'ai entendu qu'un lieutenant-colonel avait été blessé, je savais pertinemment que c'était lui. » Un de ses plus anciens camarades, le colonel Maxime Do Tran, qui l'a connu à Saint-Cyr-l'École il y a vingt-sept ans, résume à lui seul de nombreuses déclarations entendues : « Comme beaucoup, je n'ai pas été étonné de son geste héroïque car il était fait pour une vie héroïque. Il avait le sens du service, du dévouement, un véritable altruisme et don de soi. Ce sens du sacrifice et de la Patrie, il l'avait déjà en Corniche. Nous vibrions lorsque l'on entendait les récits des Saint-Cyriens qui sortaient en 1914 bravement de la tranchée « gratuitement », mais crânement, casoar au front et gants blancs aux mains. Lui aussi a su sortir fièrement de la tranchée avec panache[1] ! »

Arnaud Beltrame est un héros français. Il a agi en combattant pour sauver cette jeune femme et pour neutraliser le terroriste. Que l'on comprenne bien au-delà des polémiques : qu'il n'ait pas respecté les procédures qu'il connaissait parfaitement compte tenu de sa personnalité, de son histoire et de son expérience est

1. *Témoignage du colonel Maxime Do Tran*, 16 août 2018.

un fait absolument incontestable. Quand il se livre, il est au fait de la « doctrine » islamiste. Ces terroristes ne négocient pas, mais tuent. En sauvant la jeune femme, il accomplit sa mission et fait retomber la pression pour ses camarades au-dehors. Il sait que s'il ne parvient pas à maîtriser le terroriste, il peut mourir. Comme militaire, comme gendarme, la mort fait partie de l'« hypothèse de travail[2] ». En acceptant cela, il prouve aussi au terroriste qu'il n'a pas peur de la mort. Comme le dit le général Richard Lizurey, directeur général de la gendarmerie nationale, au lendemain de sa mort : « Par son geste héroïque et son sacrifice, en toute connaissance du danger auquel il s'exposait, il est allé au bout de son engagement de soldat et de gendarme[3]. » Plus tard, il complète son propos par cette phrase définitive : « Arnaud Beltrame n'a pas appliqué des procédures ; il a fait mieux : il a respecté son serment[4]. » En fait, il est un héros qui a désobéi, un héros « transgressif comme l'histoire de France en connaît parfois[5].

Toutefois, c'est une erreur que d'assimiler son geste à un sacrifice sans combattre comme celui que fit le

2. Voir Michel Goya, *Sous le feu, La mort comme hypothèse de travail, comment des hommes ordinaires peuvent faire des choses extraordinaires*, Paris, Tallandier, 2014.
3. « Message personnel du général d'armée Richard Lizurey, directeur général de la gendarmerie nationale », 24 mars 2018. Texte repris dans *Le trèfle*, société d'entraide des élèves et anciens élèves de l'École des officiers de la gendarmerie nationale, n° 149, avril 2018, p. 6.
4. Dans la préface à l'ouvrage de Jacques Duplessis et Benoît Leprince, *Arnaud Beltrame, le héros dont la France a besoin*, Éditions de l'observatoire, Paris, 2018.
5. Le mot est du général d'armée de gendarmerie (2 S) Jean-Régis Véchambre, ancien inspecteur général des armées-gendarmerie, *Entretien*, La Possonnière, 2 juillet 2018.

père Maximilien Kolbe, franciscain polonais, auquel il a pu être comparé. À Auschwitz, en juillet 1941, le père Kolbe a offert sa vie en remplacement de son compatriote le sergent François Gajowniczek sachant qu'il allait inéluctablement à la mort en se livrant sans se défendre à la main des bourreaux SS[6]. Ce n'est pas le cas du lieutenant-colonel Beltrame. Il n'est pas non plus à comparer au père Christian de Chergé et à ses compagnons du monastère de Tibhirine assassinés en 1996, ni aux religieux de l'ordre de la Très-Sainte-Trinité pour la rédemption des captifs (ou trinitaires) de saint Jean de Matha (1160-1213) ou de l'ordre de Notre-Dame-de-la-Merci (ou mercédaires) de saint Pierre Nolasque (1189-1256) dont ses membres faisaient comme quatrième vœu de se livrer en esclavage aux musulmans écumant la Méditerranée en échange de captifs ne pouvant payer leurs rançons. En quatre cents ans, ces deux ordres sauvèrent plusieurs dizaines de milliers de chrétiens des galères des Barbaresques. Ces hommes aussi savaient qu'ils allaient à une mort quasi certaine en se livrant à la merci des musulmans. Les actes de l'un et des autres sont comparables dans leur effet, rendre la liberté à l'otage, mais pas dans la manière de faire : négocier et combattre pour l'officier, se livrer en martyr de la foi pour les religieux du Moyen Âge. « Le colonel Beltrame n'est pas du tout un martyr, c'est un héros, martèle encore le général François Lecointre, chef d'état-major des armées. (…) Il était là pour réussir sa mission. Il ne s'est pas proposé en otage

6. Voir la biographie de Philippe Maxence, *Maximilien Kolbe, prêtre, journaliste et martyr (1894-1941)*, Paris, Perrin, 2011.

en se disant : « Je vais mourir. » Au contraire il avait la ferme intention de neutraliser le terroriste. Il voulait gagner. Ce serait dégrader son action que de penser que le colonel Beltrame s'est livré les bras en croix. Il avait la mission de libérer les otages. Et il pensait pouvoir y arriver. Le plus difficile, pour lui, cela a été de vaincre sa peur[7]. » Arnaud Beltrame n'est donc ni un sacrifié sans combattre, ni un martyr que l'on conduit au supplice comme un mouton, ni encore moins une victime même si, juridiquement, la mention « victime du terrorisme » a été apposée sur son acte de décès au mois d'août 2018.

Toujours prêt à se donner pour les autres et la patrie, on ne peut séparer le choix de chef de l'officier de sa foi fervente et nouvelle. Pour son épouse Marielle Beltrame, « c'est le geste d'un gendarme et le geste d'un chrétien[8]. » Il n'y a pas à avoir de doute sur le fait que la foi catholique d'Arnaud Beltrame a été déterminante dans sa prise de décision qui s'apparente aussi à un

7. Général François Lecointre, « Il faut reconstruire nos armées », propos recueillis par Samuel Pruvot, *Famille chrétienne*, n° 2113, 14-20 juillet 2018, p. 17 *sq*. En tenant ces propos, le général Lecointre sait exactement de quoi il parle, car lui aussi est « un héros reconnu dans l'armée comme tel, un héros qui a su combattre, un héros qui a su libérer les soldats français » selon les termes d'Emmanuel Macron. Comme Arnaud Beltrame, il a vécu la prise de décision sous le feu lorsque le 27 mai 1995, alors commandant de la 1re compagnie du 3e RIMa, il a remplacé son chef de section blessé, le lieutenant Bruno Héluin, et mené avec ses marsouins la dernière charge à la baïonnette de l'armée française au pont de Vrbanja (Sarajevo) pour libérer des casques bleus français otages des Serbes. Deux de ses soldats avaient alors été tués.

8. Marielle Beltrame, « "Arnaud Beltrame, mon mari" : le témoignage de l'épouse du gendarme assassiné », propos recueillis par Jean-Pierre Denis, *La Vie*, 26 mars 2018.

geste chevaleresque. Sur l'image mortuaire de son mari, Marielle Beltrame a fait inscrire cette phrase connue du Christ citée par saint Jean dans son évangile : « Nul n'a plus grand amour que celui-ci : déposer sa vie pour ses amis. » Emmanuel Macron a particulièrement évoqué cet aspect dans son discours donné au collège des Bernardins à la conférence des évêques de France quinze jours après l'attentat :

> *L'exemple du colonel Beltrame par lequel, Monseigneur, vous venez d'achever votre propos, illustre ce point de vue d'une manière que je crois éclairante.*
>
> *Beaucoup, lors de la journée tragique du 23 mars, ont cherché à nommer les ressorts secrets de son geste héroïque : les uns y ont vu l'acceptation du sacrifice ancrée dans sa vocation militaire ; les autres y ont vu la manifestation d'une fidélité républicaine nourrie par son parcours maçonnique ; d'autres enfin, et notamment son épouse, ont interprété son acte comme la traduction de sa foi catholique ardente, prête à l'épreuve suprême de la mort.*
>
> *Ces dimensions en réalité sont tellement entrelacées qu'il est impossible de les démêler, et c'est même inutile, car cette conduite héroïque, c'est la vérité d'un homme dans toute sa complexité qui s'est livrée.*
>
> *Mais dans ce pays de France qui ne ménage pas sa méfiance à l'égard des religions, je n'ai pas entendu une seule voix se lever pour contester cette*

évidence, gravée au cœur de notre imaginaire collectif et qui est celle-ci : lorsque vient l'heure de la plus grande intensité, lorsque l'épreuve commande de rassembler toutes les ressources qu'on a en soi au service de la France, la part du citoyen et la part du catholique brûlent, chez le croyant véritable, d'une même flamme.

Je suis convaincu que les liens les plus indestructibles entre la nation française et le catholicisme se sont forgés dans ces moments où est vérifiée la valeur réelle des hommes et des femmes. Il n'est pas besoin de remonter aux bâtisseurs de cathédrales et à Jeanne d'Arc : l'histoire récente nous offre mille exemples, depuis l'Union sacrée de 1914 jusqu'aux résistants de 1940, des Justes aux refondateurs de la République, des pères de l'Europe aux inventeurs du syndicalisme moderne, de la gravité éminemment digne qui suivit l'assassinat du père Hamel à la mort du colonel Beltrame, oui, la France a été fortifiée par l'engagement des catholiques.

Disant cela, je ne m'y trompe pas. Si les catholiques ont voulu servir et grandir la France, s'ils ont accepté de mourir, ce n'est pas seulement au nom d'idéaux humanistes. Ce n'est pas au nom seulement d'une morale judéo-chrétienne sécularisée. C'est aussi parce qu'ils étaient portés par leur foi en Dieu et par leur pratique religieuse[9].

9. *Transcription du discours du président de la République devant les évêques de France*, Collège des Bernardins, 9 avril 2018. www.elysee.fr

Certains catholiques s'interrogent sur la possibilité d'une béatification d'Arnaud Beltrame. La question est complexe et l'Église est prudente. Le moment venu, si l'évêque du lieu de son décès, celui de Carcassonne et Narbonne, décide de lancer une procédure, une commission sera constituée afin de faire la lumière sur l'héroïcité de ses vertus et les conditions de sa mort.

Ce qui est une évidence, c'est que la postérité et le souvenir du colonel sont immédiatement féconds. De héros, il est aussi héraut, celui qui dans l'Antiquité et au Moyen Âge est chargé des publications solennelles et des messages officiels. Il est le porte-parole. Arnaud Beltrame est devenu un passeur de messages, un passeur de flambeau. Ce flambeau de l'honneur, du patriotisme, de la droiture, il l'a reçu de ses ancêtres et de ses anciens et il l'a transmis aux générations présentes et futures. Son geste est « un acte de courage fondateur », peut dire le général Véchambre, ancien inspecteur général des armées-gendarmerie. Quant au jeunes élèves-officiers de la promotion Beltrame, ils ont été profondément marqués par le « sacrifice ultime du colonel, un geste fort qui a réveillé plusieurs d'entre nous en rappelant à tous notre statut de militaire et ses obligations[10]. »

La postérité d'Arnaud est étonnante et dépasse largement les frontières : des dizaines de municipalités, d'écoles, de collèges, de casernes en France l'honorent et ont été baptisés de son nom. En sus de l'EOGN, la 29e session de l'Institut national des hautes études

10. *Entretien avec les aspirants Amaury Buisson, Christian Durdilly (sénéchal de la promotion) et Pierre-Olivier Lamote,* Melun, 29 juin 2018.

de sécurité et de justice, la 10e promotion de l'École européenne d'intelligence économique et la 196e promotion de l'École nationale de l'administration pénitentiaire l'ont choisi comme parrain. À l'étranger, les hommages et les saluts sont venus du monde entier : des États-Unis à la Russie, de la Chine à l'Amérique latine, et de tous les pays d'Europe. Dernier hommage en date, la remise à Marielle Beltrame, de l'ordre du mérite de la police polonaise décerné à son époux à titre posthume le 13 août 2018 à Varsovie.

Emmanuel Macron a comparé Arnaud Beltrame aux héros de la guerre de Cent Ans et des deux guerres mondiales. Le président aurait aussi pu citer les chevaliers des croisades, les cavaliers de Napoléon ou les paras d'Indochine que l'officier plaçait dans le panthéon de ses héros. Arnaud Beltrame a été fidèle à ses modèles et à ses parrains de promotion morts pour la France : le sous-lieutenant Pol Lapeyre, le lieutenant Ernest Psichari, les soldats de la campagne d'Italie et le capitaine Auguste Gauvenet. Il est devenu l'un des leurs en rejoignant la longue cohorte des héros qui en vingt siècles firent la France et défendirent sa foi et ses valeurs. Comme Pol Lapeyre, par son sacrifice, « il a transformé une défaite en victoire. »

Annexes

Chant de la promotion *Colonel Beltrame*

Refrain
Colonel Beltrame, soyez la flamme
éternellement brûlante de nos âmes.
Guidez nos pas, vaillant officier,
Faites de nous ce soir, vos humbles héritiers.

– 1 –
Fils de Bretagne que marque votre enfance
Au Coldo, vous forgez votre idéal
Grandit en vous la flamme
D'embrasser la carrière des armes

– 2 –
Pour la Patrie, vous donnez votre vie
Cette volonté ne fut jamais brisée
Votre jeunesse vous offrez
Dans l'artillerie, Tarbes ou Commercy.

– 3 –
Votre engagement vous porte à l'épaulette
Aux écoles, vous êtes toujours en tête.
Guidé par sa devise,
Vous choisissez la Gendarmerie.

– 4 –
Lieutenant de la *Capitaine Gauvenet*
Votre vocation de gendarme se révèle
La Mobile vous appelle
Vous servirez au Groupement blindé.

– 5 –
Parachutiste vous êtes envoyé
Au Levant, faire face à tous les dangers
Risquant déjà votre vie
Vous évitez que coule le sang.

– 6 –
Face à la terreur, vous choisissez l'Honneur
En libérant cet otage de l'horreur
Menant l'assaut vous luttez
Dans ce dernier combat vous tombez.

– 7 –
Votre abnégation anime nos vocations
Inspirez toujours notre promotion
Pour les Armes de la France
Votre vaillance est notre espérance.

– 8 –
Avec fierté, nous sommes rassemblés
Puissiez ce soir venir nous adouber
L'appel de votre nom
Sera l'honneur de la promotion.

Musique : EO Guéraud, EO Tourscher, EO Cabanac, EO de Villiers

Paroles : EO Lamote, EO Buisson, EO Capelle

Arrangements et orchestration : LTN Garnier de la musique de la gendarmerie mobile.

Chant de la promotion ***Lieutenant Ernest Psichari*** de l'École d'application de l'artillerie

-1-
Aux confins du désert
dans l'Afrique sauvage
Avec les méharistes
Sous le soleil ardent
Tu aimais à te dire :
« Je suis soldat français »

-2-
Lieutenant Psichari
Lors de la Grande Guerre
Tu luttes avec Foi
Refusant la défaite
Malgré l'encerclement
De ton régiment

-3-
Avec tes canonniers
Du Deuxième colonial
Au village Rossignol
Tu tombas pour la France
Le chapelet à la main tenant
Et le sourire aux lèvres

Chant de la promotion de l'École militaire interarmes
Campagne d'Italie

San Michele… Pantano… Belvedere… Garigliano
(bis)

Relevant le drapeau tricolore
Français libres, tabors
D'Afrique vous montez délivrer la France meurtrie
Soldats de la Campagne d'Italie. (bis)

Refrain
Avec vous renaît enfin la *Furia Francese*
Vos ennemis craignent la *Furia Francese*
Avec vous renaît enfin la *Furia Francese.*

En tête des alliés
Défilant devant le Colisée
Vous proclamez une épopée glorieuse
Et dans Sienne l'entrée victorieuse. (bis)

Refrain

Honneur de la France
Vous lavez l'affront à la Patrie
Suivant votre exemple pour repousser l'ennemi
L'armée à nouveau connut l'espérance. (bis)

Sous-lieutenants Cozette et Aubry

Allez plus haut
RAP hommage pour Arnaud

Quatre minutes pour te dire que je fais les cent pas
J'attrape ma plus belle plume car je reste sans voix
Un acte de bravoure, un soldat mort au combat
J'me mets au garde-à-vous, tu portes l'étendard

Tu as sauvé cette femme, tu n'as fait que ton devoir
J'aimerais savoir qui peut prétendre l'avoir fait comme toi
Que Dieu préserve ton âme, ton histoire traversera les âges
Toi l'homme qui combat les flammes avec ton simple courage

Tu es l'espoir d'un peuple, l'éclaircie dans ce brouillard
Tu as fait front seul hors de la meute, tu nous montres la voie
Je ne viens pas créer d'émeute, ni même lancer de débat
Ce soir je te pleure, comme je pleure chaque attentat

Je ferme les yeux, imagine un nouveau départ
Loin de tous ces conflits qui salissent l'histoire
Voir l'ensemble des victimes une dernière fois
Réunies autour d'un verre et les serrer fort dans mes bras

Je viens pour vous relater les faits
2012, c'est à Toulouse que débutent les hostilités
Un homme tue de sang-froid sept personnes à enterrer
Un gros coup dur, mais la France finit par se relever

2015, l'année la plus tragique
Les attentats se répètent, comment rester impassible ?
Du Bataclan, à Charlie, des policiers, des civils
159 victimes et des familles complètement détruites

15 juillet 2016, sur la Promenade des Anglais
Alors que les feux d'artifice s'apprêtent à danser
Un camion fonce sur la foule, un acte isolé
Faisant 86 morts, la France est blessée

Mais ce n'est pas terminé, après ces 250 décès
Quatre personnes de plus nous ont quittés
Mais l'espoir renaît, un homme s'est opposé
Après cet acte héroïque, Arnaud tu peux reposer en paix

Ce n'est pas une question de religion
ou même de couleur de peau
Tu sais, faut agir à l'unisson,
car tous ces actes se sont banalisés
On en parle comme d'une émission,
passée hier soir à la télévision
Sur BFM TV

Ça me fait mal, mais d'écrire me permet d'avancer
De partager ma peine et de ne pas oublier
Qu'ensemble on ne forme qu'un, une seule entité
L'unité pour demain, voici mon message de paix

Je rêve d'un monde sans haine, ni tristesse
D'un futur sans peine, d'une simple caresse
De voir la foule autour d'une scène en train de faire la fête
S'asseoir autour d'une table et manger dans la même assiette

Mais va falloir se donner les moyens
Prendre l'amour comme direction et tracer son chemin
Ces dernières paroles pour vous dire que j'aime mon prochain
Une pensée pour tous les disparus, mais aussi pour les miens[11].

Paroles : Pacem et T. Man

11. https://www.youtube.com/watch?v=3VWs-Xz_JPQ

Remerciements

Que reçoivent ici l'expression de ma gratitude,

La famille du colonel Arnaud Beltrame : son épouse, Marielle Beltrame ainsi que sa mère Nicolle Beltrame et ses deux frères, Damien et Cédric, son beau-père Maurice Fromager, sa tante et marraine Ada Beltrame, sa cousine Marie-Pierre Radet qui m'ont accordé leur confiance.

Ses amis proches : le capitaine (r) Patrick Thomassin dit Tom et son fils Maxens, Stéphanie Vinot et Marc Stoltz, le TRP abbé Benoît Briand et les frères Laurent et Étienne de l'abbaye de Timadeuc, messieurs M-O A et J. P.

Les personnes qui ont permis d'ouvrir les nombreuses portes pour que ce livre voie le jour et particulièrement le R.P. Jean-Baptiste Golfier, chanoine de l'abbaye de Lagrasse ; le colonel de gendarmerie Sylvain Duret, commandant en second de l'EOGN, pour son soutien sans faille tout au long de mes recherches ; le colonel de gendarmerie Éric Luzet, ancien du 35e RAP, du 8e RA, de la promotion *Campagne d'Italie* de l'EMIA et de la Garde républicaine, chef des opérations de la gendarmerie de Bourgogne-Franche-Comté ; et l'adjudant Fabrice Lejeune, commandant de la brigade de La Haye-Pesnel (Manche) pour leur disponibilité et leur réactivité.

Ses supérieurs, camarades et subordonnés. De la corniche de Saint-Cyr-l'École : le colonel Maxime Do Tran. Du 35e RAP : le colonel (er) Bernard Delaval, président des anciens du 35e RAP et de l'artillerie parachutiste, le colonel Pierre-Olivier Marchand et le lieutenant-colonel Marc July. Du 8e RA : le colonel (er) Jean-Luc Ayasse, ancien chef de corps (1998-2000) et le colonel François-Régis Legrier, ancien chef de section des EOP du 8e RA et actuel chef de corps du 68e régiment d'artillerie d'Afrique. De la promotion campagne d'Italie de l'EMIA : le lieutenant-colonel Édouard Le Jariel des Chatelets, actuel commandant de l'EMIA et le chef d'escadron ; Philippe Morel d'Arleux ainsi que le capitaine (er) Matthieu Pujole de la promotion parallèle de l'ESM. De l'escadron 16/1 de la gendarmerie mobile : le lieutenant-colonel de gendarmerie David Flotat, ancien commandant de l'escadron 16/1 et le gendarme Christophe Visser-Lefèvre, ancien de l'escadron 16/1. De la Garde républicaine, l'adjudant-chef Jean-Jacques Siegwart. De la compagnie d'Avranches : le lieutenant-colonel de gendarmerie Thierry Bétérous, commandant de la compagnie de gendarmerie départementale d'Avranches : le sous-lieutenant Julien L. de la promotion *Colonel Arnaud Beltrame*, alors gendarme à la brigade de Mortain ; le major Emmanuel Franchet, commandant le PSIG Sabre d'Avranches ; l'adjudant-chef Éric Guillerdier et le maréchal des logis-chef Estelle Lesouef. Du ministère de l'écologie : le colonel de gendarmerie Éric Bailly, le colonel de gendarmerie Fabrice Spinetta, le lieutenant-colonel de gendarmerie Stéphane Authier et un conseiller. De l'École européenne d'intelligence économique : Benoît de Saint Sernin et Frédéric Leclerc. Du groupement de gendarmerie de l'Aude : le lieutenant-colonel de gendarmerie Dominique Brajeon, commandant en second du groupement ; le lieutenant Stéphanie Cazajous et le maréchal des logis-chef Nizar Khedhri. De la gendarmerie nationale : le général d'armée de gendarmerie (2S) Marc Watin-Augouard ; le général d'armée de gendarmerie (2S) Jean-Régis Véchambre ; le général de corps d'armée de gendarmerie (2S) Philippe Mazy, ancien directeur général des personnels de la gendarmerie nationale ; le général de division de gendarmerie Éric-Pierre Molowa, adjoint au directeur des personnels militaires de la direction générale de la gendarmerie nationale ; le général de brigade de gendarmerie François-Xavier Bourges, ancien commandant de la gendarmerie en Basse-Normandie (2013-2015) ; le général de brigade Lionel Lavergne, ancien commandant de l'EPIGN (2000-2004) ; le colonel de gendarmerie Frédéric Monin ; le colonel de gendarmerie T. L. ; le commandant (r) Cyrille F.

Merci à Édouard et Ségolène de Portalon de Rosis des équipes Cana de l'Aude d'avoir partagé leurs souvenirs.

Merci aux élèves-officiers de la promotion *Colonel Arnaud Beltrame* de l'EOGN et particulièrement aux élèves-officiers Christian Durdilly (sénéchal), Pierre-Olivier Lamote (responsable du bureau tradition), et Amaury Buisson (adjoint bureau tradition).

Merci également à Nathalie Vayssac du Centre des archives du personnel militaire de Pau ; à Virginie

Bret-Vitoz, secrétaire générale adjointe, et à Laurence Wodey, de la grande chancellerie de la légion d'honneur ; à Dominique Grignon, photographe à Pontorson ; à Jean-Marie Guénois ; à Antoine Pasquier ; à sœur Odile de la communauté des Augustines de Malestroit ; et au père Marc Passas des coopérateurs paroissiaux du Christ Roi ; au lieutenant-colonel (er) Christophe Lucazeau ; et à l'ingénieur en chef de 2e classe Raphaël Simons, pour sa relecture attentive.

Merci à mes éditeurs Loïc Mérian et Bruno Nougayrède, à Philippe Guitton, Jean-Philippe Bertrand, Éléonore Mongiat, ainsi qu'à Laurence Angebault.

Et enfin, merci toujours à mon épouse Isabelle et à mes enfants.

Table des matières

Achevé d'imprimer par
Dupliprint à Domont (95),
en mars 2023
N° d'imprimeur : 2023021053

Dépôt légal : octobre 2018
N° d'édition : 5547964

Imprimé en France

Mise en pages réalisée par
Jacques Motllo – 66470 – Sainte-Marie-la-Mer
59/2018